如何写出
短视频
爆款文案

好文案就是财富收割机

雨涛◎著

民主与建设出版社

·北京·

推荐序：
文案，做短视频必备的"尖刀利刃"

这篇推荐序只有一个任务：劝你一定要把这本书看完，当然你也可以看两遍、三遍，尤其是想要做或正在做短视频的你。

我自己买过很多书，但不少书都没有看完。当然，我并不知道，也没有人告诉过我，我错过了什么。这篇序言就要担起这个责任。

为什么一定要把这本书看完？我给你两个理由：

第一个理由：这是一个"兵器库"

同样做短视频卖货，为什么有些人拍的视频一发出去就能收获成百上千单，有些人却一单都卖不出去呢？我研究了那些做得好的达人，发现他们并不是天赋异禀，而是拥有一个强大的"兵器库"。

士兵的"兵器库"里，装满了长枪、短炮、匕首、利剑，而短视频达人的"兵器库"里则陈列着直逼痛点、击中爽点、刺中"嗨点"的尖刀利刃——文案。有了它们，短视频达人在拿到产品时才不会束手无策，而是能利用它们打磨出能轻松抓住注意力、刺激购买欲、赢得信服力的视频脚本。

比如，给粉丝种草一款床头手机支架，大多数人只会说这个支架是什么材质，能拉伸多长，有什么功能。这样介绍也没错，但粉丝看完很难联想到自己，更没有购买的冲动，而这本书就教你用"嫁接场景"这个兵器——"无论躺着、侧着，还是坐着，都可以舒舒服服追剧。如果想刷抖音、看小说，就用商家附送的蓝牙控制器，不用把手暴露在寒冷的空气中受冻。"

当然，这只是其中一个。这本书中还充满了短视频卖货时可以快速调用的各类"兵器"。

而且涛哥写这本书的姿势，不是站在指挥台上拿着喇叭给你喊各种大道理，而是站在你身后，在你遇到难题茫然无措时，附耳过来耐心地对你说："来，试试这个兵器。"

第二个理由：这是涛哥写的书

一个人每提升一个层级，都会经历一段"遇贵人"的时刻。而涛哥就是我成长路上的重要贵人之一。

认识他是 4 年前的事了。事实上，在这之前已经听了很多他的传说，无外乎就是这个人特别豪横、特别较真。

确实，接触下来发现他真的非常较真。

曾经，他接了一个女士卫生巾的文案。对商家来说，给你发一份详细的产品报告就行了呗。他不！坚持要亲自试用，而且还要买

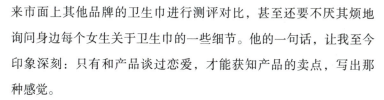

来市面上其他品牌的卫生巾进行测评对比，甚至还要不厌其烦地询问身边每个女生关于卫生巾的一些细节。他的一句话，让我至今印象深刻：只有和产品谈过恋爱，才能获知产品的卖点，写出那种感觉。

我印象很深的还有一次。他介绍我去给一家自媒体电商头部企业分享打造爆款的经验，到了地方与企业负责人碰完面，已经半夜一点了，但他坚持要过一遍第二天的培训流程和课件，而且细到每一页PPT的示范案例，互动的提问，互动的手势，甚至是一个眼神、一个抬手的动作、台上踱步的范围。说实话，那是我从一个幕后爆款操盘手第一次走到台前给企业做培训，而且还是以这么正式的形式，我自己也并不太清楚怎么跟现场人员打交道、怎么调动现场的氛围。那次的感受是，通过跟涛哥的学习磨合，我成长了很多。这几年打交道的过程中，还有不少这样的事，反正你总能从他"较真"的细节里获得一些新启发。

写这本书时，他说出版社的要求是8万字，但他足足写了15万字，然后一遍又一遍地对自己的心血"动刀"，最终精雕细琢到了9万字。对，他就是这么较真，只为了让你看到最精髓的经验和方法。

我相信，这本浓缩了涛哥卖货经验精髓的书，一定也会让你成长很多。而且即便你是做短视频的新手，也完全不用担心看不懂，方法的讲解深入浅出，更有丰富的案例剖析和解读，就像一本"傻瓜式操作清单"，你只需要按照书中的流程去做，就会发现提高出单率并不是什么难事。说不定，用上其中一两个"兵器"体验一番爆单的滋味，也不是没有可能。

当然，这也需要你花费一些时间，勤运用、多实践，记得一定要这样做，它会让你种下的这棵"短视频事业树"根基更深、枝叶更茂、后劲更足。现在就翻开这本书，开始你的成长之旅吧！

千万级爆款操盘手，一年帮商家卖货 1 亿多元

《爆款文案卖货指南》《短文案卖货》作者

兔妈

2022 年 4 月 30 日

自序：本书读前必看

一、4 年卖货数亿元，就是跟内容较真的回报

4 年前的一个夏日下午，我和朋友门哥绷着脸，紧张地敲下四个字"确认，发吧"。

一分钟以后，手机不断弹出密集的提示窗口"叮……叮叮……叮你有个新的有赞订单"，因为订单消息太多，手机过一阵子就发热死机了。我们盯着疯飙的订单数，双眼都红了，脑门都冒出青筋来。

"孙总，门总，雨涛，我们就上架了 2000 箱库存，开始几分钟就卖完了，订单还在涌进来，这怎么办？"

我们咬了咬牙："再加 2000 箱！"

"又没了！"

"再加 2000！"

……

直到订单飙升到 5 万单时，真的不敢再加库存了。我瘫倒在地上，大口喘气，眼泪不争气地润湿了双眼，我紧握着双拳大声喊："成了！我成了！我不是废材！"

这是我第一次通过销售文案来推广。4 小时不到，卖出了 5 万单

贵妃杧果，创下近300万元销售业绩。自此以后，我像是开了挂似的，频频写出高销量的卖货文案，无论是阅读数，还是销售额，都让整个行业大吃一惊：原来文案还可以这样写！

在接下来的3年时间里，我靠卖货文案帮助商家累计卖出数以亿计销售额的产品，从创业失意、说话口吃的微胖中年人，咸鱼翻身成为"自媒体卖货文案的成功人士"，靠稿酬挣回来一套带花园的平层；开办工作室，帮助上万名学员通过文案卖货赚取第一桶金；还成为上市公司、电商品牌的内容营销顾问，这是我从事营销行业的十几年都未曾达到的事业高度。

而这只是起点，因为时过境迁，短短几年间，图文时代变成互动性极强的直播、短视频时代，人们的阅读习惯发生变化的同时，整体流量环境也随之发生翻天覆地的变化，我们的营销方式也在发生改变，但这还不是促使我进入短视频领域的主要原因。

从图文带货时代开始，就有不少学生在我的指导下，走上了内容带货的道路，有人成为文案大神，有人成为企业高管，有人成为社群团购团长，还有的创业开办公司。当他们陆续进入短视频内容的营销赛道时，不断有人铩羽而归，上门求助："涛哥，推文的红利期过去了，咱们过去的那一套底层逻辑能在短视频和直播上有所作为吗？"

我沉吟良久，终于决定下水试一试，殊不知差点把一半身家都砸了进去，原来……

二、优质带货内容的本质，在于做好商品与目标用户的沟通

为了验证短视频的带货能力，我花了 20 多万元，报了很多短视频课程，也下场投资做商业项目试水，还为客户做项目操盘运作。在很长一段时间内，我们跌跌撞撞地踩了很多坑，蹚了很多雷，有喜有悲。

喜的是我们自己总结出来的经验心得，陆续帮客户从零开始到月营收上百万，甚至上千万，初步形成可量化、可批量复制的爆款创作流程。

悲的是因为有些产品卖得太火，从产品概念到内容模式很快被竞争对手效仿，被平台限流。俗话说得好，"瘦田没人耕，耕开有人争"，如同当年靠卖货推文杀出一条血路，这也证明了卖货短视频一样可以开创一个新的卖货时代！

在内容为王的流量红利时代，"跟内容较真"才是核心竞争力！

我们曾为拍一条卖橙子的作品，尝试了各种各样的办法。比如，为突显爆汁，就设计空手爆榨橙汁的动作；为突出新鲜感，就拿树上现摘的橙子来品尝；为突出不打杀虫药，在打药的果树和不打药的果树上都特意挂着粘蚊板，半夜记录各自粘了多少只蚊子。虽然被蚊子咬了一身包，但为了产品卖点的最佳呈现效果也值了。结果是，整个山头 10 万斤的橙子在 3 天内被卖光了。

曾有一个卫生巾品牌的合作项目，我们团队为了挖掘成交创意而选择"卧底"校园，苦苦寻找目标用户进行访谈，终于在广场边军训的同学身上挖掘到一个绝妙的机会点，用一个十几秒的画面呈现出这款卫生巾的强大吸水功能，短短一夜间，就把合作方原本积压的 20 多万元的库存给清空了。合作方为了打单出货，连着 3 天没睡觉，到现在不敢相信一则短视频居然有如此大的魔力！

还有很多真实的爆款案例，这里暂且不表。

在我看来，带货短视频与带货文案各有优劣。

先讲两者的不同点。常见的文案带货更侧重于图文形式，从购买动机的铺垫、消费欲望的激活、信任背书的建立，到促成交易的催单，都是紧密相扣的，偏向于静态呈现。

而短视频带货，因为时长短、篇幅小巧紧凑，则更注重短时间爆发的动态呈现。短视频带货无法像文案带货那样做长篇大论的信任背书，只可以挑准一个核心卖点做聚焦爆发，并且对成交的话术文案、画面质量的要求更高。如果挑中的卖点很难以视觉形式呈现，不能马上撩起用户冲动，宁可弃用。从时间上来说，短视频的时长能少一秒就少一秒，要做到极致地精简。所以，带货短视频看似只有短短数十秒，实则要付出大量的精力，把笨活干细。

两者的共同点是：内容带货的本质，就是要做好商品与目标客户群的沟通桥梁。一方面，我们要降低用户的决策成本，规避购买风险，让用户用更优惠的价格买到合适的商品；另一方面，我们要让优质商品以更低的成本推广给需要它的人。

无论是带货短视频，还是带货文案，只有符合"用户 × 内容 × 流量"的爆款铁三角模型，才更容易做出优良业绩。无论做文案，还是做短视频，都是为了更加真实地呈现优质商品为顾客所带来的好处，顾客才愿意为优质内容和优质商品付费买单，卖家也由此获取更多利益。

可以说，对用户真诚，才是卖货内容的最佳套路。

三、如何用好本书，让内容红利变成你的获利神器

其实带货型短视频不片面追求火爆，但求有持续稳定的卖货转化率，要实现它并不是什么神秘玄学，而是有章可循的。它不需要你具备什么天赋，也不需要多高的学历出身，更不需要什么专业背景，只要你能掌握其中的方法。在我认识的"大牛"里面，能持续产出爆款作品，靠内容赚到钱的，往往是宝妈群体、低学历的中青年、乡村务农人员，而不是高楼大厦里面衣着光鲜的白领人士。

这群人能持续赚到短视频带货的红利，到底靠的是什么？是靠灵感，靠拍脑袋吗？

不！他们靠的是长期锤炼而成的一套卖货思维系统！

这是一套清晰、完整的，针对高转化率卖货目标的系统！虽然说不上有多精妙，却极其精准好用。

我并不聪明，但我花了大量的时间与金钱来学习和实践，加上数以千次计的投放经验，总结出这套热卖思维四步法，以及与之配套的爆款短视频创作九招。

热卖思维第一步：锁定目标用户

对应招式
第一招　锁定人群：洞察最佳成交机会点

即先设定好"给谁看，卖给谁"，而不是带着"我的作品到底做给谁看"的疑问开始创作，也不要想着"先做了再说"。假如你要做一条女装卖货短视频，你要事先考虑因个人的爱好、身高、尺码、搭配、季节等个性标签而出现的各种差异化需求。比如身高160厘米的女生，往往对身高175厘米的女生的穿搭内容不感兴趣。再比如"女生穿搭"的选题在播放量、互动评论数、带货销量等数据上，就远不如"刚毕业的女生求职必看的10个穿着技巧"的选题。因为后者瞄准了特定的目标群体，并且嵌入了多个与其利益关联性强的关键词，更容易吸引目标用户。

热卖思维第二步：把握用户需求

对应招式
第二招　爆卖点分级：深深钉入用户脑海

先精准锁定目标用户，再去琢磨你的产品 / 作品能满足这类用户什么样的需求，总体归纳为：为何事而烦恼不安→想获得何种信息→愿意为何付钱→愿意花多少钱。比如"刚毕业的女生求职必看的10个穿着技巧"这个选题，就是针对刚毕业的女生遇到的这些困

惑——不知道应该怎样穿着搭配，不知道怎样才能显得更得体自然。她们想要获得的是让面试官为自己的印象加分。她们愿意为此付钱，并且有 2000 元的预算。

依据这个需求推导，自然更容易创作出让用户产生共鸣的作品，而心满意足的用户才会给出正面、积极的反馈。

热卖思维第三步：预设用户反应

对应招式
第三招　解决痛苦：帮助用户摆脱不安 第四招　激发欲望：勾出用户心中欲念

创作前，无论是什么类型的作品，都要预先考虑好读者的反应，即你想对方看完后会怎样说，会做出怎样的动作。这就是达成创作目的秘诀。比如：

给心爱的人写情书，想得到的理想反应是："我也很喜欢你！"

给项目写策划方案，想得到的理想反应是："提议非常好，就这样办！"

写感谢信，想得到的理想反应是："真是太荣幸了，我会继续努力干好！"

拍职场穿着打扮，想得到的理想反应是："面试官对我笑得很自然，我这身穿着打扮应该是对了。"

拍汉服短视频，想得到的理想反应是："我也想穿成白娘子一样站在西湖边，持伞迎风沐雨，儒雅的他向我徐步走来。"

一旦预设好用户的反馈（思绪、情绪、动作），那么你脑海中就会浮现出对应的画面形象，越具体越好。此时最好马上把这个信号捕捉住，可利用手机便签做关键词记录，也可动笔把场景画面画下来，这样脚本大纲的雏形就形成了，内容作品的质量也随之大幅度提升。

而当你的预想状况和理想状况截然不同时，千万不要草率动工。比如你的账号人设是旅游博主，你想让自己的作品蹭一些明星离婚的热点新闻，做了一则以"甩开渣男，我有脚走自己的路"为主题的短视频。这不火还好，一火起来，很可能会搞乱自己的创作标签，也很容易遭到明星粉丝的攻击，反而得不偿失。

热卖思维第四步：满足用户需求

对应招式
第五招　嫁接场景：借力打力促成下单
第六招　讲好人话：让用户秒懂才好卖货
第七招　建立创作"军火库"：有准备才能收获更多灵感
第八招　巧上热门：蹭好热度能事半功倍
第九招　洗脑脚本：低成本批量产出爆款

如果你已经考虑清楚"目标读者是谁，需求是什么，希望读者做出什么反应"，这只是证明了你的策略方向不至于出现大偏差。如果你想要做出优秀的内容作品，还需要做好这一步：根据他们的喜好，抱着给他们"送礼物"的心态，来定制让他们心满意足的美梦。还是以女大学生面试穿搭为例，通过九宫格罗列出可以送出什么

样的令目标用户满意的"礼物"，再以此进行内容创作，自然事半功倍。

礼物1：面试官满意	礼物2：价钱在预算范围内	礼物3：合身舒适遮盖身形不足
礼物4：定制元素不会撞衫	选题：女大学生面试穿搭	礼物5：容易清洗存放
礼物6：提升交际自信	礼物7：编织工艺档次高	礼物8：面料好透气不闷

总之，在创作之前，必须先想清楚你的作品要给谁看，谁会掏钱买单，深入了解清楚他的需求和不满，再攻其软肋、投其所好，定能收获不俗的效果！

四、做好短视频，对你来说到底有什么意义？

首先，你要清楚的第一件事就是，商业性短视频有两种真实用途，一是为了卖货转化，二是为了导粉引流，尤其是直播间，更需要短视频爆火带来的大量自然流量。

其次，明确自己的学习目标。本书可能满足不了有些人想学完后马上月入破万的目标，但至少能让你胜任一个收入颇丰的文案岗位，这已经得到很多学生的亲身验证。

如果你是商家朋友，那么至少可以在看完这本书后，你知道哪些坑可以规避，哪些成本支出可以不必浪费，因为这是我们团队花了很大代价才获得的经验。

如果你买了本书，希望你先看目录，挑你所喜欢的章节先行阅读，平常放在办公桌或书架上，当作一部案头书。当你真要用到时，

再按图索骥寻找对应的章节，见招拆招即可。

在此，希望此书能帮到更多的朋友轻松推开这扇内容变现的大门！

雨涛

写于 2022 年 2 月 25 日

CONTENTS 目录

爆卖卖点篇

购买理由篇

转化画面篇

创作灵感篇

创作实战篇

爆卖卖点篇

　　围绕目标用户的兴趣需求，挖掘畅销爆卖点，往往更能让你柳暗花明。

第一招　锁定人群：洞察最佳成交机会点

第一节　为什么总觉得抓不到重点？

在多年的内容推广业务中，经常有人问，一个新品从零开始，如何做到投放 ROI 不亏本，甚至能赚钱？这里面的关键点到底是什么？答案就是你能不能解决用户"需求不被满足的问题"。需求往往源自不满足，怎样挖掘用户的不满足心理呢？

先看一个案例故事。

有一位经营水果连锁店多年的学生林女士，跟我分享过这样一件事。有一次，她正式宣布提拔一位店员到另一家新开的门店担任店长，不久就被一位老店员质问，为什么让这个入职不到半年的新人做店长，而不是像他这样劳苦功高的老店员？林女士就让他去新门店蹲点考察一段时间，看看这新人到底是否称职。一周过去了，老店员回来了，表示对这位新任店长心服口服，自己确实是倚老卖老，还不够资格。

原来，有一天他在新店里遇到一位老年顾客。这老太太一上来

就问："小伙子，这梨子是甜的还是酸的？"他径直回答："阿姨，这梨子不甜不要钱，不信您尝一片看看。"没想到，老太太一听，竟然扭头就想走，他就疑惑了：哪有人不喜欢吃甜的？这老太太是不是故意找麻烦？正当老太太要走出店门时，新店长拦着对方询问："阿姨，您买梨子是自己吃还是送人啊？"

老太太说："给我儿媳妇买的，她刚怀孕，想吃酸梨子，你们这里没有的话，我到别家再问问。"

新店长说："阿姨，这个时节上市的梨子都是甜的居多，您去其他家水果店也不好找。其实您儿媳妇主要是想吃点酸的新鲜水果，不如试试这红心猕猴桃，甜里带酸，维生素十足，汁水又多，早上才运来拆开上架的，非常新鲜。如果现在买两斤以上，我再送半斤脆李子让您儿媳妇尝尝鲜。说不定这两种水果她都喜欢吃呢？"

结果，原本想走的老太太听了店长一番话后，一口气就买了4斤猕猴桃。

店长又问："阿姨，有您这么细心照顾，您儿子和儿媳妇可有福气了，您儿子肯定也轻松不少吧？"

老太太说："我儿子也没闲着，他白天上班，晚上回来还要帮女儿辅导功课。孙女刚上五年级，功课也多，英文我又认不得，只能辛苦他了。"

店长说："阿姨，你儿子上班这么忙，晚上还要照料家人，那一定也是很累的。您可以给他带点新鲜蓝莓回去，这蓝莓花青素含量高，对缓解眼睛疲劳和用脑过度都有好处，刚好孙女也可以吃。"

老太太说："那给我挑些好的。"

这一幕让旁边的老店员目瞪口呆，不由得心悦诚服。

第二节　用户需求挖掘表：
3步摸准顾客的消费心理，让他跟你掏心窝

以上这种类似的事情，经常发生在我们身边。如果你在销售过程中，表达销售意向频繁被顾客拒绝；带货短视频内容的点击量不错，但是转化率没起色，那不妨先思考四个问题：

·顾客需要解决什么问题？

·顾客为何要买这种产品？

·顾客为何要选择你而非他人？

·顾客为何需要现在掏钱购买？

比如小马感冒了，去医院看病。刚坐下来，凳子还没捂热，医生一照面就说："你不知道我们是心血管病专科医院吗？你为什么要感冒？来，了解一下治疗心肌梗死的药，这可是国外研制20年才成功的，一粒难求啊。"

小马蒙了，心想：这大夫是不是脑子有问题？

其实这正是90%以上的卖货销售都容易犯的错误，叫"我有药，你有病"，不管用户什么状况，自己有啥就硬推啥。

其实要摸准顾客的需求和想法，就跟看病问诊一样，首先要了

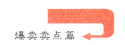

解患者感冒的原因、身体状况，甚至还要量体温、抽血、化验，确认患者是什么症状，才好对症下药。做出一款爆卖的产品之前，要摆正自己的心态，那就是把用户放在心上，首先搞清楚对方有什么痛点，需要借助你的产品或服务来帮助他解除痛苦。

简而言之，就是"头疼治头，脚痛治脚。你有病，而我刚好有药"。

如果你细心观察的话，就会发现，其实无论是一对一的面对面销售、自媒体推文带货、朋友圈发售，还是今天以短视频、直播等带货形式的销售方式，都需要搞清楚对方的需求。如果你能熟练运用好这章节的内容，就能很好地抓住销售诉求，不至于蒙眼抓瞎。

需求理由：用户为啥要买——别光说产品的好，而是多讲结果！

讲到"需求"这个词，你可能会觉得，需求不就是用户想要啥，我就满足他吗？但这样的理解往往是比较肤浅的。更多的时候，我们会陷入一个误区，那就是用户的需求，就是他所要的东西。比如，我的老客户杨老板开发了一款产品"暴汗姜汁"，在抖音上不到一个月卖出 5 万多单。我跟他探讨，刷抖音的用户确实需要姜汁膏这款产品吗？他说，不，更多的是为了使用姜汁膏后产生的结果——出汗多，驱寒排湿，顺带减减肥。

前者是产品，后者是结果。老话说得好，不要试图推销钉子给客户，而是展示打的孔能否牢固挂得住他心爱的挂画。把结果成功推销给对方，这显然更加重要。

我们所说的"结果"，就是用户需要的"药"，也就是解决方案，因此必须要清楚用户背后真正的决策原因到底是什么，才能对症下药，药到病除。

我们可以将需求划分为两类，一类是显性需求，也就是用户看得见、摸得着、自己也清楚的需求，比如饿了要吃饭，渴了要喝水，困了要睡觉等；另一类则是隐性需求，它隐藏在背后，有时连用户自己都说不清道不明，甚至连自己都没意识到。这时，你就要根据不同层面的需求，来设计对应的解决方案，而不是一上来就叫卖自己的产品多么好。比如一伙人饿了要吃饭，往往到美食街就犯了难，到底是吃麻辣火锅、榴梿比萨、沙县小吃、广西螺蛳粉，还是轻食蔬菜沙拉？突然发现有一家土家烧饼店里头挤满了人，外头还排着长龙的队伍。"哎，那家店人挺多的，去尝尝看。"于是这次的午餐多半就在这家店解决了。

产品	用户能得到的结果	
	显性需求	隐性需求
土家烧饼	味道脆香，肉汁丰厚	跟风从众，懒得思考选择

而这里的隐性需求就是畅销因素。"这么多人选择这家店，那一定味道和口碑过硬，选它准没错！"

所以，你知道为什么总是有门店雇人排队了吧？没错，就是为了营造畅销火爆的场景，帮助饥饿的用户解决选择困难症。

那么，如何通过视频内容来表现一家餐饮店铺非常受欢迎呢？不是拍高清高光的食材微距特写，也不是拍探店的俊哥美女，而是拍这家店到底有多少人排队等候，如果墙面上摆满了各种荣誉证书

或名人合影，那场面就更为震撼了。

因为你没办法通过手机屏幕展现出食物的诱人香气和滋味，那就只能从视觉上做文章，用火爆畅销、权威背书来强化视觉证言，达到对症下药的目的。

如果你的目标用户为了面试管理高层岗位，找你定制一套修身西装，那么你要卖的不仅是一套修身西装，还包括面试约谈时的自我形象改造方案。你还可以搭配着卖香水、钢笔、皮带、皮鞋、手表，甚至清除口气的清新软糖等产品，帮用户的形象加分，助其顺利收获结果——薪酬丰厚的录用通知书。在这件事中，你不仅在销售你的主营产品——定制西装，而且还能扩大自己的选品范围，增加销售机会，何乐而不为？

产品	用户能得到的结果	
	显性需求	隐性需求
定制西装	显得形象正面稳重	自我形象改造，更易获得面试官的第一印象好感

用户的购买决定，很大程度上受制于过往经历、生活习惯以及惯性思维、拖延情绪、逃避思考等心理因素，而被激活的隐性需求就像是点燃了导火线，一下子把用户的情绪激发出来。这就好比你刷到了一条带货视频，视频内容引发了你的内心共鸣，让你觉得它讲到自己心里去了。

但这里有一个很现实的问题，那就是当目标用户都说不清或者根本就没意识到自己的隐性需求时，该怎么办？

那你就要学会诱导目标用户坦白内心最渴望的需求，继而将其转变成超级爆卖点！

你可以模拟用户的购物行为，进行换位思考：假如我是用户，遇到这个问题的时候，我会怎么办？我买这件产品到底是想获得什么？我可以为它付出多少成本代价？

你可以把挖掘用户购买需求的过程，总结归纳为以下三步：

第一步：显性需求（找痛点）——需要什么功能、解决什么问题、解决谁的问题需求

第二步：隐性需求（挖场景），又叫制造惊喜——挖掘并解决消费场景背后的隐藏问题

第三步：预算需求（探预算）——肯付出多少成本来解决问题

以一款减脂全麦吐司为例：

第一步：显性需求（找痛点）——为什么要减肥？

可能是想要好身材，让自己更加自信；也有可能是想要身体更加健康；还有可能是跟风，看到别人要减肥，自己也来赶个潮流。不同的动机，决定了他愿意为减肥这件事付出多少。无论是什么动机，你都要提前想好，先锁定目标人群的共性标签，再开始瞄准。

接下来，我们会利用新抖、飞瓜助手、蝉妈妈、抖老板等第三方数据工具，比如用蝉妈妈的免费功能，根据功效定位、价格定位相近的原则，找出排名靠前的 5 ~ 10 个竞品，分析它们的销售数据、热推流量、视频作品，尤其是用户画像及热门评论，以此来将目标用户的范围收窄。在选择竞品时，你还可以找那些跟自己产品的应

用场景、使用结果有关联的产品，比如，与减脂餐相关的还有跳绳、低脂牛奶、瘦肚子茶、健身课程等等。

重点关注年龄段、客单价、热播点赞、带货销量趋势，一方面可以收窄目标人群，让画像更为精准，另一方面可以用数据支撑去验证自己的命题想法。做好数据整理分析这一步，能大大降低因对目标用户不够了解而导致认知错位的可能性。

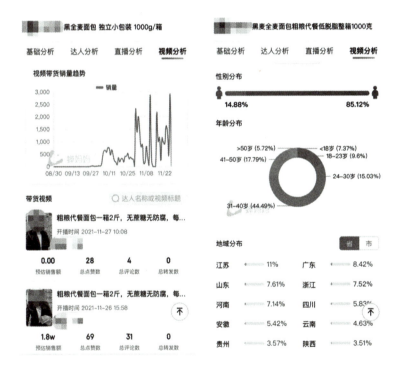

既然目标已锁定中青年女性，那就根据她们的习惯和喜好标签，开始精准分析吧。

营养健康 美容护肤 工作事务 身材变化 穿着搭配 闺蜜逛街 抚养育儿 孩子教育 居家生活 赡养父母 娱乐八卦

第二步：隐性需求（挖场景）——用户购买前的顾虑和期望分别是什么？当你帮用户解决后能为他带来什么惊喜？

A：如果某位客户确认要减肥，那他为什么要选这个品类？是之前的其他减肥方案没有效果，还是其他什么原因？他遇到了哪些问题？不同的问题，造就不同的出发点，由此也会影响到他的预算和解决方案。

B：减脂吐司对比其他的减肥方式，好处在哪里？可能的不足在哪里？你可能需要准备一些数据，比如已有多少人在食用减脂吐司，以此作为你的销售依据之一。

C：如果他确认要减肥，也对减脂吐司这种减肥方式认同，为什么他要选你的减脂吐司？相比其他的产品，你的减脂吐司又有哪些差异点？

假设我们的用户是刚断奶或产后想降低体重的宝妈，对方想在不影响身体的情况下，通过饮食调理改善，让松垮的肚子瘦回来。

她的购前顾虑是担心减肥产品有泻药成分，肠胃经不起折腾；期望则是尽可能少痛苦、不挨饿地瘦下来5～10斤。

结合对方的购前顾虑和期望目标，我们要提炼出针对性的产品差异卖点。受限于视频内容的篇幅时长，一般建议卖点不超过三个：

第一，产品的材质成分。用的是粗粮全麦，不仅无油无糖，还额外添加了亚麻籽和鸡蛋，增加蛋白质含量的同时，让口感更加松软，入口即化。重点突出的就是口感、营养和饱腹感，三者都能兼顾。

第二，产品的食用方式。即时食用，撕开就能吃，并且方便携带；搭配火腿、鲜蔬菜、调味料，不到两分钟就能搞定一顿营养加分的懒人减脂早餐。

第三，额外制造惊喜。因为加工容易，搭配方便，因此早上还能省下很多时间，用来多睡一个美滋滋的回笼觉。对大部分上班族、学生党，还有要经常早起张罗早餐的家长来说，岂不是非常令人心动的额外收获吗？

第三步：预算需求（探预算）——用户愿意为产品的功能、功效等掏多少钱？

前面之所以要多研究竞品的成交客单价，原因就在于此。我们要大致搞清楚目标用户对产品的心理预期及心理价位，以此来帮助他算好一笔账。这笔账既可以是金钱方面的，也可以是时间、情绪方面的，要让他觉得你的产品性价比超高、超级划算，"现在不买的话，后面必定会后悔"。

最常用的办法就是付出成本用除法（成本÷时间），扩大收益用乘法（收益×数量）。

比如：

·减脂吐司：不到 1 分钟，搭配一些荤菜，就是一份快速低卡的减脂餐。让自己多睡 10 分钟不好吗？！

·定价 299 元的创业课程：每天不用 1 块钱，0 基础学透 100 位身家过千万的创业者的发家秘诀！

·直播间的引导话术：这么好的东西，原价 199 元，现在只要 66 元，仅限今晚 12 点前在我直播间下单的粉丝！

当你用以上三步挖掘出用户的购买需求后，便可形成对应的需求挖掘表：

针对用户：生娃后想减重的宝妈群体

显性需求	隐性需求（制造惊喜）	预算需求
刚断奶的宝妈，想瘦身收肚子	顾虑：担心减肥产品有泻药成分，肠胃经不起折腾 期望：尽可能少痛苦、不挨饿地瘦下来 5 ~ 10 斤	客单价接受范围：9.9~28 元

再形成带货短视频的脚本文案：

成稿 1：

嗨，总怕裤子紧绷穿不下的姐妹们，别滑走！我告诉你一个小秘诀哦，不要老是为了减肥饿肚子啦。就是这样早晨两片全麦黑面包，里面有亚麻籽油、黑麦，热火烤 30 秒，再加一勺海盐芝麻花生酱，味道鲜得不得了，成本不到 5 毛！每天坚持这样吃，30 天后你会感谢今天的自己！

成稿 2：

嗨，别滑走！让你看看减肥人的冰箱。作为减脂的优质主食，当然少不了全麦面包了。这一整箱 20 袋 40 片，不仅无油无糖，还额外添加了亚麻籽和鸡蛋，所以口感更加松软，既饱腹又好吃。随便搭配一些肉菜，不到 1 分钟，就是一份快速低卡的懒人减脂餐，让自己早上多睡十几分钟不好吗？！

第三节　两轮择优法：提炼更有说服力的下单理由，让顾客掏钱不再犹豫

一、甄别筛选出有效卖点

经常有人提这样的问题，在给顾客介绍时，往往讲着讲着，变成了自己默念产品说明书，讲了一大通技术参数、专业术语，天花乱坠，顾客听得不耐烦，本来要到手的单子就这样黄了。

同样的道理，假如一则短视频里堆砌了过多的产品专业术语和华而不实的形容词，比如"这款产品的研发团队在该领域获得多项大奖，能让女人越活越美丽"，就不容易让人产生兴趣。那么，应该如何提出更有说服力的销售依据，让用户更加放心下单呢？

如果把产品的全部属性提炼出来，当作产品的核心卖点，其弊端就是，卖点泛滥，找不到能聚焦的发力点，推销起来就像打棉花

一样，力道都落不到实处。产品的属性（规格、材质、技术、性能等）都可以是卖点，但是能带货的卖点，能让用户信服的购买理由，往往不局限于产品属性，如下图：

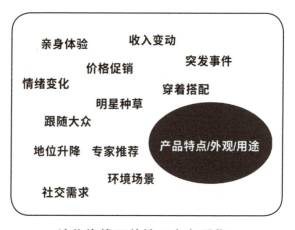

让你掏钱下单的理由有哪些？

其实，在创作卖货短视频时，往往也会面对这种产品功能卖点泛滥的情况，因而要学会科学地筛选、甄别其有效性，有以下五个原则：

第一，要真实存在。

也就是说，必须是产品真实存在的卖点，切勿过于夸大、编造。要拿捏好尺度，否则会留下漏洞，容易导致日后被投诉虚假宣传，出现不可弥补的重大损失。曾经有一位客户就因为一时疏忽，将产品主打"60秒去除顽固油污"的卖点，结果被投诉夸大宣传，被有关部门罚款28万元，损失惨重。

第二，要能讲清楚。

不管你强调的卖点是什么，用户看到后往往先会质疑：凭什么你可以这样讲？有真实证据吗？看似一个卖点，实则是论点、论据、论证三者齐全的一套说服体系。无论在任何平台做销售推广，采用形式是短视频还是海报图片，总会遇到较真的用户或者钻研比较深的专业人员，甚至打假人，如果没有提前认真做好功课，到时未免捉襟见肘，穷于应付。

第三，要有大市场。

所谓的卖点就是你力所能及的，可以解决顾客痛点的销售依据，产品卖点的提炼要尽量面向大众市场，针对的人群要尽可能广泛。解决的问题越多越刚需，才有更大机会脱颖而出。比如在抖音上卖一款包子，你想呈现出包子的种种好处，比如新鲜软糯、Q弹、甜而不腻、原料无有害添加、由有 30 年经验的糕点老师傅亲制、百年非物质遗产，等等，没问题，这些卖点大都可以根据视频作品的篇幅长度来进行优化选择。但是，为了追求极致差异化，弄了一款"花椒＋螺蛳粉馅"的黑暗料理版包子，还以此作为宣传噱头，就要不得了。虽然这个卖点很鲜明独特，但除了个别的人猎奇尝鲜外，几乎受众寥寥，自然经营惨淡。这不是故事，而是真实个例。

第四，要迎合客户。

不管是什么卖点，反映到顾客身上，要能够转化为实实在在的需求，这种需求有可能是实际的市场需求，也有可能是潜在需求。比方说，有款婴童保温杯别出心裁地将测温计设计在杯盖上，实时感应显示杯中水温的高低，这个卖点对应的场景需求，就是宝妈怕孩子被热水烫嘴，又怕水凉宝宝喝了不舒服。那保温杯这种实时显示温度的功能，就能让宝妈精准感知水温变化，省事也省心。卖点对应需求场景，是最容易产出爆卖点的创意来源。

第五，要有区隔性。

在一定程度上，卖点也就是差异竞争力和竞争优势的所在，尤其是想要在成千上万的抖音带货视频里，留住用户的眼球，按下隐藏在他大脑里的购买按钮，首先就需要在第一时间触发他的注意，并且让他记住你。

无论是作品还是要卖的产品，最好是提炼出有别于同行和竞品的卖点，哪怕稍微有一点的与众不同，都可能会形成差异优势。比如有位做床铺被子的客户，就特别喜欢在短视频作品里，把工厂里一条完整的被子拆解开来，近距离拍摄里头的材料，无论是鸭绒还是棉絮，透气如何，保暖如何，睡觉压不压胸，什么年龄适合盖哪款，都能给你娓娓道来，虽然播量放不高，但是转化率很高。有很多人加了他的微信，成为他的会员客户。这就是他以积淀多年的专业度来形成的区隔优势。

经过以上五个原则，筛选出来的销售理由，才能进入下一轮择优筛选。

二、AB 筛选测试

AB 测试源自互联网程序，是针对多版本内容进行测试选择的优化方法，用于验证用户体验、市场推广方向是否正确，因其能大幅度提高工作效率，而延伸到其他行业领域。

而在短视频带货层面，它则涉及两类场景应用：

1. 转化率优化

通常影响电商销售转化率的因素有标题、描述、图片、表单、定价、优惠券、用户留言等，测试这些相关因素的影响，不仅可以直接提高销售转化率，也能提高用户体验。

2. 广告推广优化

广告推广优化可能是 AB 测试最常见的应用场景了，同时结果也是最直接的。营销人员可以通过 AB 测试的方法了解哪个版本的内容更受用户的青睐，哪些步骤更吸引用户。

我们现在就以第二项作为重点进行讲解，主要测试用户对多个作品的感官感受，操作步骤如下：

第一步：挑选对比度明显的作品。

围绕一个核心卖点，分别用不同的方式来创作至少两个作品（注意！创作技巧详见本书后面的章节，千万不能错过），关键在于多个作品之间的区别度要足够明显，方可进行筛选测试。

第二步：选择目标用户，进行评测打分。

曾经火爆一时的某位拥有千万粉丝的大 V，其创作团队就会针对作品的选题、风格、标题来进行范围测试。一个不到 20 字的短标题，往往也要从上百条标题中经过好几轮的测评让上千忠实读者参与评分，层层筛选出来，最终择优选一，以尽可能贴近粉丝的阅读喜好，拨动读者的心弦。

评测打分的方式也要尽可能简捷易操作，一般是从三个维度出发，要求参与者在看完小样后 30 秒内完成评分。答案无对错，只要求参与者直接凭感觉回答，以此摸清他们对作品的第一印象。

考评维度	问题	评分
有趣	觉得有趣吗？	◎极差 ◎差 ◎一般 ◎好 ◎极好
记得住	看完记得住吗？	◎极差 ◎差 ◎一般 ◎好 ◎极好
想买	看完想买吗？	◎极差 ◎差 ◎一般 ◎好 ◎极好

比如，同样一款清洁洗涤剂，拍摄场景相近，遮掉品牌的 logo，模特分别换成青年女性、小男孩，产出至少两个样片，让观众进行"盲测"投票。目的是来测试目标群体对哪个角色更有触动感，如果萌娃的支持度更高，那就可以将投放资源倾向于这个方向。同样地，这也是电商详情页、广告海报的选角测试方式，简单却极实用。

我们曾经针对黑芝麻丸的生发功能诉求，设计过多个场景画面，经过多轮测试，发现女生洗澡时对脱发的场景特别敏感，所以在短视频当中，多次使用淋浴抓下一把头发的场景元素，让作品的点击率和转化率都提高了至少 30%。

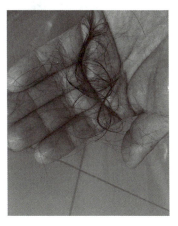

第四节　案例解析

一条教你如何省钱的素人短视频，如何破解流量密码？一夜点赞数破4万，卖书30万元，哗啦啦赚到10万元＋的提成！

脚本内容如下：

月薪只有6000元的人如何用两年时间攒下一套房子首付款的视频火了后，评论区炸出了很多存钱高手，有人毕业3年存了35万元，有人毕业4年存了50万元。大家纷纷刷屏，让我赶紧出新年攒钱的帖子。普通工薪族理财，我推荐这本《用钱赚钱》。我从月光族到一年存下10万元小金库，看的就是它。每月薪资只有三四千的人，怎么用钱生钱，怎么挑基金，怎么买保险不被坑……这本书面面俱到，讲得特别好，一看就明白！存款实操呢，看这本就够了。

第二本推荐《财富自由》。一说到理财，网上有太多的成功鸡汤学，但这本不是。这本书里有很多干货，它彻彻底底地帮我养成了赚钱习惯。比如怎么利用平台做副业赚钱，怎么低成本创业，等等，我觉得它更适合不满足死工资、想要存钱但又不愿意降低生活品质，希望通过升职、加薪或者副业赚取更多收入的白领。

第三本推荐《财商》。这本书我买回来不到一天半的时间就把它看完了，很上瘾。贫穷不可怕，贫穷思维才可怕。这是一本讲理财思维的书，它会让你意识到绝大多数人的穷不是因为能力不如别人，而是思维受限。这本书不仅能提升你的赚钱力，也能提升你整合资源的能力，还有对生活的规划力。

网上的理财书很多，我把自己看过后觉得真正有用的三本书推荐给你。还有 32 天就是 2022 年了，想要在新的一年收获财富，抓紧去看看这三本书吧。省下两杯奶茶的钱就可以买到，特别好！

不知道你看完这条视频后的感想如何，但我确确实实去买了这三本书，我将这条视频推给朋友后，他们也忙拍大腿，马上就去下单了，生怕被别人抢了……原作者是跟我关系非常好的朋友，她曾是百万粉丝公众号的文案总监，充分发挥了自己的人设和兴趣，精心制作了这则短视频。她偷偷告诉我，在没有任何投放的情况下，纯靠自然流量和平台加推，这条视频一夜之间有 4 万多人点赞，下挂的商品链接更是被点爆了，卖了 30 多万元，她自己也从中获得了

10万多元的提成。

那么，这则教你怎样省钱的小视频，到底有什么神奇魔力呢？

我们用本章节的需求挖掘表来拆解。

针对用户：工作不久，用钱紧张的年轻群体

显性需求	隐性需求（制造惊喜）	预算需求
既能摆脱月光尴尬，又不想太辛苦，希望能省钱攒钱或以钱生钱	顾虑：买基金、保险等理财产品容易踩坑 期望：急需简易好懂的指导方案或有高手指路	客单价接受范围：差不多两杯奶茶的钱

整个作品最大的亮点，就是能引发年轻人对财富焦虑的共鸣：担心买股票、基金等理财产品会踩坑；努力工作，可是工资上涨幅度赶不上房价上涨幅度，非常焦虑；想搞点副业做微商，自己没时间又怕被人嫌弃……这些恰恰是当下很多人的真实写照，也最容易引起大家的共鸣。

第二个亮点则是能持续制造惊喜。作者简短讲述自己从月光族到一年存下10万元小金库的亲身经历，勾起了观众的兴趣后，又连着抛出三道撒手锏——我就是靠这三本书实现梦想的，你想不想试一下？无论是理财规划还是生活规划，这三本书都有相关方面的讲解，简单易懂，并且对"月光族"能够对症下药。最后还很温馨地提醒，这三本给她创造奇迹的"财富宝典"，只需付出两杯奶茶的钱，就能拿到手。想想，这两杯奶茶的钱自己总掏得起吧？这价值锚点设计简直就是恰到好处。

所以，你学会了吗？

小 结

一、用户需求挖掘表

显性需求	隐性需求（制造惊喜）	预算需求
目标用户是谁，他想干什么	顾虑： 期望：	客单价接受范围：

二、两轮择优法

第一轮	第二轮
有效卖点的五个原则	AB 筛选测试
第一，要真实存在 第二，要能讲清楚 第三，要有大市场 第四，要迎合客户 第五，要有区隔性	三问： 觉得有趣吗？ 看完记得住吗？ 看完想买吗？

请你马上行动！

　　找一个带货短视频，根据需求挖掘表拆解其脚本文案，梳理出显性需求、隐性需求（制造惊喜）、预算需求，并且进行模仿创作。

第二招　爆卖点分级：深深钉入用户脑海

第一节　为什么要做爆卖点分级？

会议室，赵老板拿起他家的产品——塑料婴童凳，滔滔不绝地讲起来："雨涛老师，我们这产品可真不错。比起竞品来说，材质更环保，用的都是进口的环保级可降解材料，没刺鼻气味，对人体无害，尤其是对孩子来说，亲肤性特强，摸起来很舒服。并且应用了人体工学设计，非常贴合大部分孩子的坐姿，坐上去屁股特舒服。牢固性能更没得说，连180斤的成年人站上去，都不会垮……价格却只比竞品贵不到10%……"

30分钟过去了，我共计帮赵老板罗列出36个卖点、19处细节，可他还意犹未尽，总感觉讲解得还不够详尽清晰。

我问了他一句："赵总，其实这些卖点拎出来都可以成为爆卖点。但假设我们要拍摄一条带货短视频，你认为咱能往里面塞多少个产品卖点？"

他毫不犹豫地说："最好都提一下吧，让用户更加清楚咱们产

品的好啊！这转化率不就上去了吗？"

"如果这短视频只有 60 秒呢？"

他顿了一会儿，才说："对呀，那怎么办……那咱们挑选一些重要的卖点来说吧？"

没错，因为短视频时长所限，用户没办法在短短 60 秒时间内吸纳太多信息。

经过实践检验，我们发现，20 秒的短视频可容纳 1 ~ 2 个记忆点，60 秒的短视频也仅能容纳 5 个记忆点。如果你的作品内容非常精彩，用户可能会记住 3 个或更多卖点，反之他们可能连 1 个卖点都记不住，就直接滑走了。

如果你的作品过分堆砌卖点，就很难把握住一瞬间的销售转化机会，效果会很差。所以，我们要集中寻找更容易畅销的机会点，针对爆卖点的分级筛选必不可少！

第二节　让顾客心动又记得住的畅销爆卖点的三大特征

首先，我们要清楚以下这一点：

"与其像点燃一根根火柴烧水，把本该令用户惊艳的产品表现得不温不火，不如集中火力于一处，让水彻底烧开！必须要让用户看完你的内容后，还能保持强烈的独特记忆，简单来说，就是让他们对你所描述的核心卖点产生强烈印象！"

但如何确保用户收到的信息，是你期待对方记得住的销售卖点呢？

那就要懂得畅销爆卖点所拥有的三大特征！

一、强记忆

注意了！一则带货视频的内容里面，一定要有基于产品本身的属性特点的信息，这是不容挑战的核心主线。

带货内容的精髓就是为了商业变现，关键在于两点：一是希望让消费者记住什么（商品、人物、直播间、线下门店等），二是希望消费者看完后采取什么互动行为（购买、点赞评论、进直播间等）。

所以，要想消费者下单购买，就要千方百计地让他记住你的产品！不然的话，很抱歉，你就要丧失可能是唯一一次的销售机会，因为由于抖音平台的推送算法机制，在海量的视频作品当中，很少有人会重复刷到同一条短视频内容，用户手指轻轻一滑，就再也刷不到你的视频了。

要想在短短的几十秒里面，触动用户的心绪，让他忍不住下单，就务必要围绕产品来做内容展开，从头到尾都要坚持销售带货的核心不动摇，跟产品关联性弱、没办法突出产品特点或者优势的因素，一律要删除。

二、新奇性

短视频类的互动内容最大的魔力，就在于让用户耳目一新，大脑不断产生兴奋感，直至上瘾。越是少见、新奇、有噱头的视频，

越容易撩起用户兴趣，让他们有主动看下去、看完的动力，而完播率跟转化率往往是成正比的。

我们曾经针对一款橙子做了两个版本的内容，第一个版本是比较中规中矩的，就是将橙子切开摆放在果盘上，在阳光照射下汁水闪闪的，很唯美。第二个版本则比较粗暴，手拿起橙子用力捏紧，果汁直接从手指缝喷涌炸开，甚至还溅到镜头上。

第一版

第二版

经过投放测试后，我们发现，后者的点击播放量、完播率和带货销售的数据居然比前者高出不止 10 倍。

要知道,用户拿起手机刷抖音，往往大都是在找好玩有趣的内容，找乐子打发时间，而不是想听你一本正经地讲解产品的。

不是说一则带货短视频里面，非要有令人过目难忘的亮点，但最起码要能让用户在观看内容时被紧紧地吸引住眼球。要想很好地带货，在这一点上做到投其所好是必不可少的！

三、创新性

要想很好地带货，你的短视频除了要营造新奇性、激发用户的兴趣外，还必须要有独特奇妙的排他性，也就是说，除了有趣好玩外，还要让用户对产品耳目一新。

而跟竞品高度重复的内容，则容易让人看得生厌。比如红极一时的养生茶类带货短视频，内容模板极其相近，文案大致是："有老婆的男人千万不要这样喝，我怕你强壮如牛，准备人参、桑葚、枸杞、红枣、覆盆子，开水冲泡 5 分钟，每天一杯，一个月后让你浑身充满力量。"

在 10 多秒的短片中，人参、桑葚、枸杞等药材、食材的图片或视频轮流展现，开水一冲泡，再配个帅哥美女相互偎依的图片，就成了。

此内容模板混合了猎奇、夸张、科普等元素，刚刚有这样的短视频出来时，带货数据非常火爆，转眼间，跟风者如过江之鲫，一搜"养生茶"，刷到的差不多都是类似的视频，最后惊动官方把它限流封杀。虽然至今仍有人套用，但带货数据却远不如前。

为什么呢？

因为这世上没有能治百病的药，没有永远爆火的万能模板，更

没人能一招鲜吃遍天。

所谓创新，并不要求你能做到独一无二、颠覆式创新，哪怕只要跟同行竞品做出一点点区分创新，让用户记得住你家商品的概率就能高出 30% 以上。

曾有一段时间，抖音短视频平台上疯狂卷起一阵另类摇滚风，那就是在露天果园里，三四位穿着奇装异服的汉子，各自拎着蔬菜瓜果，在镜头前像模特一样，扭着腰走猫步，配上炸街的摇滚红曲做背景音乐，整个画面非常热闹搞笑。

噱头是足的，流量也够火爆，然而要带的产品正是他们手上的瓜果，销售数据却不尽如人意。因为观众记住的是"模特"出位搞笑的"妖娆舞姿"，而不是原定要主推的主角——生鲜瓜果。

有流量，没销量，这是很惨的。

抖音平台流量下沉后，有商家开始不断挖掘跟产品相关的短视频，竟然也取得不错的带货成绩。比如一款卖得火爆的流心蛋黄酥，所涉及的相关短视频都是非常相似的脚本：揭开热气腾腾的烤箱，拿出来蛋黄酥，用手一掰开，里面软糯的馅料马上涌出来，将其新鲜出炉时自带的新鲜光泽、香气四溢的特点一览无余。

没有过多的旁白、画面细节，就是一针见血地讲清楚产品的特质，一样能很好地卖货。

所以，只要标签够清晰，在平台破6亿多人次的每日活跃用户量加持下，总有能进来的流量，关键还是要靠创新的内容去打动用户。

第三节　畅销爆卖点 ABC 分级法：
精选重要卖点，卖货不再白费力气

我们在第一招"锁定人群"里有提及如何筛选黄金顾客，即指定卖点所瞄准的精准用户群到底是谁。而在本章中所讲的卖点分级，就是为了帮你解决不知道如何取舍卖点的老大难问题，搞清楚到底哪个产品卖点能更好更快速地触动目标用户。

因为短视频时长太紧迫，没办法把所有精华卖点都展现出来，所以我们可以把爆卖点划分为A级(主核心爆点)、B级(差异化爆点)、C级(信任感爆点)，再做进一步细化，具体如下：

层级	项目	筛选标准	举例	重要程度	组合形式
A 级	主核心爆点	主核心痛点：针对用户问题的解决方案	颜值外观 使用方便 应用场景	★★★★★	固定提 1~2 点
B 级	差异化爆点	主要差异点：针对竞品而言的独特差异之处	材料材质 技术工艺 原产地	★★★☆	自由选择 1~3 点
C 级	信任感爆点	主要背书点：帮助产品获取用户信任	试验证明 权威背书 明星代言 累积销量	★★☆	自由选择 1~2 点

一、A级（主核心爆点）

主要是指本产品能针对解决目标客群的哪些痛点问题。这个卖点宜精不宜泛，多了反而是累赘。重点就是，能集中把 1～2 个痛点问题的解决方案给讲透，让用户"秒懂"。

比如我曾经参与过母婴产品的工业设计项目，经过调研，我发现市面上大部分奶瓶、婴儿保温杯或母婴收纳包，外观颜色普遍使用暖粉色系，大多为粉蓝、粉红、粉绿。后来跟母婴用品的资深产品设计师沟通才知道，因为宝妈带娃出行，动不动要带一个容量20多斤的大号妈咪包，携带的东西又零碎又繁杂，比如奶瓶、清洁消毒液、尿不湿、保温杯、驱蚊喷雾、儿童餐具等，翻找起来非常麻烦。

尤其是宝宝拉屁屁到尿不湿里，很不舒服，不停地哭闹，而作为妈妈，要一边忍受宝宝的号啕大哭，一边耐着性子在偌大的包包里费劲翻出尿不湿、清洁液、湿纸巾……每次在做这些事的时候，心里会非常烦躁。

所以婴童用品外观采用暖粉色设计，能解决在光线不足的包包里找东西的烦恼。

我们最后以粉色外观做主诉求，讲述在嘈杂闷热的车厢里，婴儿口渴哭嚷着要喝水，宝妈眼睛一闪，在光线不足的情况下，仅用了3秒就从臃肿的大包里找到了保温杯，给娃喝上了温水。哭声没了，只有咕噜咕噜的喝水声，整个过程干脆利落一气呵成。

就这么一个十几秒的场景化视频，让转化率同比增长至43%……

虽然测试成功了，但在策划前期，我们做了很多工作，针对保温杯的外观颜色，通过亲自体验、采访调研和收集销售数据等，梳理了 30 多条烦恼理由，再以此来做场景展开，尽可能做到有逻辑可遵循，有模板可复制，避免拍脑袋决策。

烦恼场景 1：包内光线暗淡不好找	烦恼场景 2：随手一放，难找	烦恼场景 3：带保温杯会不会被嫌弃老气
烦恼场景 4：跟自己平日穿搭风格不符	产品特点 / 用途：颜色显眼，外观简约时尚	烦恼场景 5：已有其他保温杯，再买也是浪费钱
烦恼场景 6：邻居也用这款，会不会撞款	烦恼场景 7：不喜欢这杯子的代言明星	烦恼场景 8：自己喝容易印上口红

总之，细节决定成败，问题决定思路。如何使劲挖掘目标用户的烦恼，永远都是 A 级主核心爆点的最大创意源泉。

你可以按照烦恼场景九宫格模型，把可以想到的用户烦恼尽可能多地填写上去，多积累多练习，就能快速脱离小白新手的层级，缩短跟内容带货高手的差距！

烦恼场景 1：	烦恼场景 2：	烦恼场景 3：
烦恼场景 4：	产品特点 / 用途：	烦恼场景 5：
烦恼场景 6：	烦恼场景 7：	烦恼场景 8：

再列举操作过的两个案例，以供借鉴：

案例 1：口香爆珠：解决口腔问题带来的生活烦恼

烦恼场景 1：吃了韭菜、大蒜，口气太重	烦恼场景 2：被对象嫌弃口臭严重	烦恼场景 3：怕咀嚼口香糖导致下颚咬肌变粗，脸部变形
烦恼场景 4：怕初次约会 / 接吻熏到对方	产品特点 / 用途：清除口臭，洁齿美白	烦恼场景 5：影响客户交流，给对方留下不好的印象
烦恼场景 6：回家后被女儿嫌弃满嘴烟味	烦恼场景 7：想给孩子来个早安吻，结果因口臭熏醒对方被批	烦恼场景 8：牙齿污垢沉积，顶着一口黄牙和重口气，形象太差

案例 2：男士假发头套：解决头秃、头发少带来的社交恐惧

烦恼场景 1：比同龄显老 10 岁以上	烦恼场景 2：在意别人的眼光	烦恼场景 3：看到电梯里的植发广告就尴尬
烦恼场景 4：称呼从李帅变成光头李	产品特点 / 用途：掩盖头秃的不佳形象	烦恼场景 5：怕被相亲对象嫌弃
烦恼场景 6：冬天容易头冷，办公室戴帽子不合适	烦恼场景 7：求职被嫌弃形象不够好	烦恼场景 8：植发太昂贵，效果无法保证持久

额外提示：假如你还是觉得没有把握，那就借用大数据来验证自己的方向是否准确，推荐你使用抖音 App 中的官方数据功能——"巨量算数"。

在抖音搜索"巨量算数"，进入界面，输入你想要搜索的关键词。

比如搜索关键词"脱发"，可看到某时间段跟"脱发"有关联的抖音指数、关联分析以及人群画像。

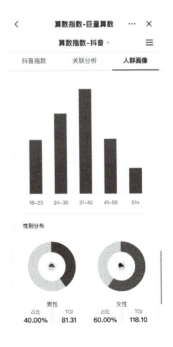

一是通过"人群画像"，锁定目标受众（年龄、性别、关注程度）。发现女性群体对"脱发"关注的比例和关注程度会更高，可稍微侧重"女性怎样看待男性脱发"的话题描述。

二是看"抖音指数"，查看跟

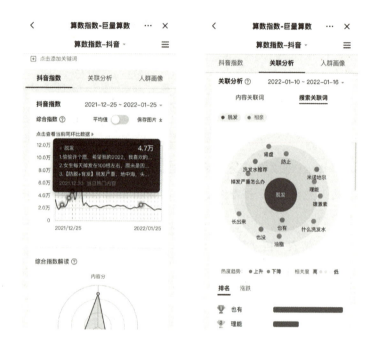

脱发相关的热度最高的"当日热门内容"有哪些，以此来获取创作灵感与借鉴素材。

三是依次打开"关联分析—搜索关键词"，查看这个时间段内，目标用户主动搜索的关联词（即是他们最关心的），再以此来判断应针对哪些核心痛点、烦恼场景以及确定怎样的呈现形式。比如以"种草安利"为主的话，标题文案和开场语就可用"你知道掉发严重怎么办吗""你知道什么生发水管用吗"；如果是以恐吓诱导为主，则可以用"掉发严重让你变成油腻大妈""相亲对象一看我的秃头就跑了"。

要点提示：切勿一味依赖大数据，正确的做法是先放开脑洞大胆假设，再用大数据小心求证。

二、B级（差异化爆点）

主要是指在向用户阐述产品的过程中，让用户了解，相对于竞品而言，这款产品到底有什么独特之处，并且有利于销售，即 USP（Unique Selling Proposition，独特的销售主张）。

传统认知里，大部分人倾向于跟同行竞品做比较，找差异点，比如某护肤品品牌要做内容，运营策划人员必定会收集大量同行信息来做研判（主要差异在于价格、档次、知名度等）。该方法的优点是稳定，不会出什么大纰漏，但缺点在于很难找出令人眼前一亮的销售爆点，尤其是同质化严重的领域，比如牙膏产品，就有美白、防蛀、杀菌、消口臭等众多细分诉求。有商家好不容易挖掘出能对抗幽门螺杆菌（以下简称"抗幽"）的新爆点，结果不到两个月，市场上已经充斥着很多主打抗幽诉求的牙膏了。

红海里找机会点，难度自然加大，那怎样摆脱这个困局呢？其实，你可以这样做。

经过长时间的内容带货实践，我们总结了一套行之有效、小白也能迅速上手的差异化爆点挖掘模型，那就是根据产品的单一诉求（主要分布在功能、外观、性能、应用场景等）创造新产品，不再局限于横向跟同行争长短、挤得头破血流，而是跨行跨品类来纵向挖掘机会点。

虽然抗幽牙膏很火爆，但牙膏的赛道已经过于拥挤了，有聪明的商家赶紧开发了抗幽用的口爆糖果，借势抗幽牙膏已催熟的市场概念，一样能卖爆。

比如一款加湿器为了表达能满足用户加湿量大的诉求，从用户的生活场景入手，纵向挖掘跟补水有关联的生活习惯认知。

借用用户熟知的农夫山泉、干燥沙漠、春雨花林等与水分相关的元素，就能轻易让原本枯燥难懂的性能参数得以具象化，变得更加生动，更容易让用户的脑海里浮现出相对应的画面，让整个感知冲击更为强烈！

文案如下：

高达 650ml/h 的加湿量，等于每小时往空气里送两瓶农夫山泉！实测卧室不到 20 分钟，湿度从 30% 直飙 55% 的体感舒适值，从荒无人烟的干燥沙漠到温润怡人的春雨花林，你只需要等待一盘王者荣

耀的时间。

差异化爆点的灵活运用，还有很多方面。

案例："踢不烂"户外登山鞋

一般此类户外鞋为阐释对用户脚部保护的功能，会优先表明皮厚耐磨透气的特征，集中于通过材质、工艺、配件的数据来展现，比如牛反绒皮透气耐磨，防撞击鞋头，EVA+橡胶鞋底减震强抓地。

其实，讲这些功能卖点也没差错，但用在内容带货上，尤其是短视频带货上，是远远不够的。因为稍不留神，一旦表达用力过度，就会变成平淡枯燥的产品宣传片，并不能满足我们要通过激发用户兴趣来实现卖货的初衷，如果要改，那怎么改好呢？

有个美国户外品牌叫Timberland（添柏岚），中国消费者戏称其为"踢不烂"，带有一丝趣味和无厘头，但也夸赞它鞋子足够牢固耐磨。

在它的一条爆火短视频里，有一段描述非常适合带货。它以鞋子的视角，跨过山和人海，将带有点文艺气息的爱情故事，穿插于山巅、溪谷、海浪等极端的户外环境，将鞋子牢固耐磨的特性展露无遗，关键还特别与当下年轻用户憧憬自由和爱情的口味相符。

这样能兼顾产品特性和情感场景的视频，往往更容易爆火，带动话题和销量！

文案如下：

直到你终于走向我，当你跨进来，两个我成为我们。

让我们一起走向现实，走向高不可攀的山巅，走向遥不可及的溪谷，走向海浪与风，走向自由，走向爱，真实的爱是踢不烂的。

真是踢不烂！

近年爆火的李子柒就擅长将硬广告变成软故事，把硬性推销变为"安利种草"，以场景带出产品的独特优势，营造出差异化爆点，而这就是大部分爆款视频带货的特性。

除了用场景做差异化爆点以外，你还可以尝试使用效果来做差异化，往往也能获得不俗的表现。比如，因为广告法所限，很多带有功效的词语不能直接使用，比如美白、瘦身、祛痘、排湿气等，更不能直接对比竞品，稍不留神就容易被投诉虚假广告或恶意竞争而遭受处罚，甚至封杀限流，令大部分商家头疼不已。

那么，怎样既能规避广告风险，同时又能把产品的差异优势表达得尽致淋漓呢？

那就是避开横向的竞品，找跨行新竞品，从而挖掘出新差异爆点。如下：

美白精华——补光灯

某某精华，让肌肤自带补光灯。借用大众熟悉的补光灯，来突出精华产品的肌肤提亮效果。

这种表述方式自然比"白了两个亮度"更易令人理解，也安全得多。

万能胶——电焊

20 秒速干，1 分钟后，怎么都甩不掉，比电焊还牢固。

爽肤水——剥壳鸡蛋

一到秋冬季节，很多人的脸就干到起皮，上妆就卡粉。我推荐我在用的这款爽肤水，当天晚上用，隔天早上就能感受到皮肤像是喝饱了水，又嫩又滑，像剥了壳的鸡蛋。

针织衫——百搭风格

这款针织衫款式大方简单，但真的很百搭，春秋季可以搭个小背心、牛仔裤、连衣裙，冬天变冷还可以搭配羽绒服、大衣。

三、C 级（信任感爆点）

是指消费者普遍对不熟悉的事物抱有不信任感，因此对手机上刷到的商品推销内容，大脑的第一反应："你说的东西可信吗？"

毋庸置疑，成交的基础往往在于信任，在没办法跟用户面对面沟通的情况下，如何隔着手机屏幕也让他们信任你的说法，相信产品能带来的好处？

这时候就需要一个"客观、可靠、公认的事实"，来让自己的内容变得更加可信（即信任状），借以来减弱乃至消除用户因缺乏购买安全感，导致在购买行为上的五种风险担忧，它们分别是：

· 金钱风险：买这个东西可能会买贵。

· 功能风险：可能不好用，或不如想象中那么好用。

· 人身风险：看起来有危险，我可能会受伤。

· 社会风险：我买了它，我的朋友们会怎么想呢？

· 心理风险：买了它可能会产生心理负担。

他们一旦感知到风险，就很可能会取消购买，我们付诸心血的创作将前功尽弃。记住，很多用户不是怕花钱，而是怕掉坑，怕浪费金钱、浪费时间！

要赢得用户的信任感，打造信任感爆点，原则是"越具体，越可信"。但受限于内容篇幅时长，可以自由选择至多不超过两个信任感爆点，要么不放，要么就精准直击用户内心。

那如何快速实现信任破冰呢？打造信任感爆点，有以下七个途径。

第一，销量情况：卖得越多，证明越受欢迎！

用户在购买过程当中，往往内心会不自觉地倾向于选择销量高的商品，这是从众心理在作怪，这么多人都买了，应该风险不大，自己买也放心得多，不容易掉坑。

如果总销量很大，则可以使用这几种表达方式，比如"双十一当天卖出4亿元""1年卖出的咖啡可以填满2个西湖""排队3个小时才能抢到""全国每天有5万人都在吃的×××粉"等。

如果是新品上市，没有庞大的销售数据做支撑，那么可用短期销售数据来做支撑，比如"每分钟卖出×××件""开播1分钟火速售罄"等。

素材来源：

官方销售渠道；

第三方数据报告；

电商商铺后台；

支付订单截图等。

注意：根据最新颁布的《广告法》，在使用这些涉及销量的说辞时，必须要有第三方的客观数据作为支撑，不然被投诉的风险还是很大的。

第二，用户证言：跟我相似的人，用完它后到底怎么样了？

无论是短视频平台，还是电商购物网站，朋友圈带货以及微商，都能通过用户的评价反馈提高成交率。

我们的用户都是有血有肉的普通人，不管他们通过怎样的途径看到我们的短视频作品，一定是出于信任才选择下单购买的。所以，你要先让他见证跟他相似的人，在使用你家的商品后，产生了怎样的效果，前后发生了怎样的变化。当他内心产生信任后，就会下单。

无论是日用品、美妆护肤品，还是食品、百货，甚至旅游项目，用户证言都是一种极其有效的"种草"方式，假如用得好，既能提高观看黏性，又能提高转化率，让产品卖得更火。

素材来源：

电商购物平台评价筛选（天猫、淘宝、京东等）；

垂直内容平台（小红书、知乎、B 站、Keep 等）；

用户体验反馈（朋友圈、社群、日常生活接触）；

亲身体验评测。

第三，名人推荐：大明星也在用，你不试试？

当用户面对一个不熟悉的产品时，如果这款产品请名人明星做了代言背书，而恰好这位名人明星是自己所熟悉，甚至非常喜爱的，那么在名人明星的光环加持下，用户对这款产品的陌生感就会被大为减弱。这就是所谓的"爱屋及乌"，用户的潜意识里会认为这个产品是值得信赖的。

如果你的产品请名人明星做了背书，无论是直接代言、直播翻包，还是直播口播，这些素材如果在双方允许的授权范围内，都要用上。就算简单点的一句"×××也在用"，对于留住观众也很有积极意义。

素材来源：

名人明星广告素材（官方代言、直播、短视频、海报、电视广告等）；

名人明星评测（综艺节目、小红书、微博、抖音、快手等）。

第四，权威 IP：我是专业的，信我绝对不会错！

用户往往更相信专家或者权威高端机构的认可。比如在大众认知里，人民大会堂宴会的产品是中国招待外宾的最高礼仪，产品档次必然是很高也很好的，宴会用到的酒、油、瓶装水、饮料等都可以用来做信任背书进行输出。

在短视频时代，权威背书的来源更加广泛，也更加简便。

比如开场白这样说：

"我是雨涛，靠写文案在抖音卖货，赚回来杭州一套大平层！"

"我是李小白，跟你分享 3 年 200 次相亲失败的奇葩事。"

"一直被痘痘困扰的姐妹们，不要滑走，我告诉你我这 5 年的战痘经验！"

这么简单的一句话，就能让观众先入为主认可你的标签，悄悄在用户脑海中留下印象锚点：×××在这方面是权威的，他推荐的，应该可以信任。

虽然简单又实用，但在创作之前，一定要考虑到自己账号或者投放的达人账号的人设标签，如果内容跟达人的人设标签相悖，就不要硬拗了，否则很容易翻车。如果我挺着一肚子的肥肉，非要跟你推荐瘦腰秘诀，怎么看怎么别扭。

素材来源：

自我人设标签；

荣誉奖项；

检验报告；

资质资格证明。

第五，渠道光环：特定的销售场所，激发用户的猎奇心！

销售渠道作为用户购买商品的地方，也是大部分用户接触产品、认识产品的一个重要通道。尤其是有些渠道具有特殊认知，比如药店就会给人一种强功效的认知，让人认为药到等于病除，进而让人产生"能进医药渠道销售的，功效必定是有保证的"的认知。

比如，经常有美妆博主在日本药妆店采购，因为日本美妆护肤品都归于药妆管理范畴，可以在药店购买，这样他们把购买过程、购买凭证录制成内容上传到短视频平台或者朋友圈。整洁干净的店内环境、穿着大褂的服务人员、琳琅满目的货架、各种日资护肤品牌，这一切形成有效背书，更容易让人信服是正品货源。

有一位做直播带货多年的客户，他选品就专挑有线下连锁门店（尤其是在高铁、机场等高端场所）的女包品牌，在直播和短视频

中一直坚持一个原则，那就是"正品好货，比线下便宜80%，同时享受线下门店维护的一切服务待遇"。就这么一招，带货数据一直居高不下。

还有其他销售场景也可以给产品演绎带来加持，比如：

王老吉＋火锅店、烧烤店：暗示下火强功效；

女装＋高端商场中心：暗示正品打折扣力度更大；

生鲜食材＋原产地采集：暗示货源更新鲜、更正宗。

素材来源：

线下终端门店；

电商店铺（天猫、京东等）；

垂直类内容App（毒物、一条、得物、大众点评、蚂蚁窝、携程等）。

第六，时间传承：能坚持做这么久，质量口碑一定不会很差！

如果有两瓶白酒放在你面前，一瓶是名不见经传的地方品牌，一瓶则是大名鼎鼎的国酒茅台，即使是不爱喝酒的人，也往往倾向于选择更熟悉的国酒茅台，原因无他，就是茅台不断坚持输出的"巴拿马金奖故事"和"800年历史沉淀"的标签，让它名声在外，只要是茅台，就一定是好酒，够醇够香。

时间沉淀，造就认知信任。

同样的道理，过往为一家糕点连锁品牌做内容策划时，我们就注意到一点，那就是：这家糕点店虽然只在县城高中附近开了两家门店，但是已经营业 30 年，陪伴很多人从儿时到中年，甚至有人去了国外生活后，都要托人带去解馋。

我们就以"××饼家，不鲜不香不要钱，吃 30 年都不腻"为策划主题，做了几版"回忆杀"活动，在抖音本地同城号投放，一下子引发了很大关注。在这家店 30 周年庆活动期间，买糕点的顾客都排了 100 米长龙。

素材来源：

从业年限（年份：源自 1989 年）；

专注时长（日期：16 小时 ×1000 天只专注做一件事）；

家族传承（辈分：四代人只为做好一碗面、五代人 100 年只做女包）。

第七，数据证言：有数据支撑的内容，更加直观好理解！

其实人的大脑神经对数字的反应是很敏感的，程度仅次于图像刺激。在大众认知里，数据越是具体，其说谎成本越高，因而付出的代价也越高，所以，越是详细的数字，越能获得大众的信任。如果你善用数据，就能让文字图像增色不少，并且观感会更顺畅，因为数字简单易懂，容易记忆，并更易于传播。

比如奥美广告公司为长城干红打造的广告文案，就通过数据把葡萄的种植、采集及酿造的过程串联起来，画面感跃然而出。

3毫米，瓶壁外面到里面的距离，一颗葡萄到一瓶好酒之间的距离。不是每颗葡萄，都有资格踏上这3毫米的旅程。它必是葡萄园中的贵族；占据区区几平方公里的沙砾土地；坡地的方位像为它精心计量过，刚好能迎上远道而来的季风。

它小时候，没遇到一场霜冻和冷雨；旺盛的青春期，碰上了十几年最好的太阳；临近成熟，没有雨水冲淡它酝酿已久的糖分；甚至山雀也从未打它的主意。

摘了35年葡萄的老工人，耐心地等到糖分和酸度完全平衡的一刻才把它摘下；酒庄里最德高望重的酿酒师，每个环节都要亲手控制，小心翼翼。

而现在，一切光环都被隔绝在外。黑暗、潮湿的地窖里，葡萄要完成最后3毫米的推进。天堂并非遥不可及，再走10年而已。

……

也可以通过数据把生涩难懂的专业术语转化为更为易懂的内容，比如：

省电：美的全直流变频空调，一晚1度电；

续航：充电5分钟，通话2小时；

料足：××酱油，晒足180天。

这些文字如果要运用在短视频内容带货上，则还需要优化，让其更加直白、简洁。不要试图把技术、效果、工艺等跟观众解释得清清楚楚，一是篇幅不够，时长紧促。二是解释难度高，反而显得累赘。干脆单刀直入，告诉用户结果即可。三是即使不看画面，光听旁白，就能让观众脑海里浮现出画面，像看电影似的。而且越有画面感，越容易被用户感知到，则越容易让他们相信你。

现在这里教你一招大部分人都能轻易掌握的实用小套路，无论是短视频还是文案，抑或是做销售推广，一招就能改善。

那就是"卖点数据化 + 结果可视化"。

在此之前，务必要保持一个态度，即不要用像"太棒了""真漂亮""真好看""上档次"等这样的形容词。

列举案例来说明：

案例 1：一款面膜的卖点是锁水保湿

第一步：卖点数据化	让您的肌肤湿度始终保持在 70%
第二步：结果可视化	一天都像刚洗完脸后爽嫩嫩！

案例 2：青汁蔬菜粉，主打清肠减肉肉

第一步：卖点数据化	一次喝一杯，平均每天轻一点点，30 天后见证全新的自己！
第二步：结果可视化	一杯抵得上每天运动 3 小时

这样做脚本文案，再配合动作演示，出来的画面感肯定比干巴巴说它锁水保湿性能好要容易理解，信息传递效果也强很多。

还有其他，比如：

上妆快：

显色度很好，就这么一抹就能上色，1 分钟就能弄好眼影。

电动牙刷清洁力强：

它每分钟声波震动 5.2 万次，比上一代版本要高出 50%，用它刷牙两分钟等于被专业牙医做了一次牙齿 SPA。

价格实惠：

一口气吃完香辣销魂的鲜辣小豆干，一包才不到 2 元钱！

素材来源：

产品说明书；

电商详情页；

销售海报；

用户反馈；

第三方数据。

第四节　案例解析

此前有款火爆全网的高粱饴软糖，其视频内容有一段是这样的：

这一包是一斤，有很多种口味，红枣的，草莓的，冰糖雪梨的，原味的，蓝莓的，山楂的。我给你吃一个草莓味的。这外面有一层糯米纸，入口即化，吃掉它。然后这层白白的是玉米淀粉，舔一舔，也是入口即化。怎么样？Q弹还能拉丝，草莓味特别浓郁，好吃又健康！

按照 ABC 爆卖点分级法来拆解：

层级	项目	具体内容	呈现视觉画面
A 级	主核心爆点	Q弹还能拉丝	用嘴咬住拉长拉丝
B 级	差异化爆点	口味种类多	依次抓起 6 种口味
C 级	信任感爆点	新鲜现做，入口即化	舔糯米纸

这个号有接近 1000 个视频作品，虽然视频内容朴实，主题简单，都是女主角围绕着产品的几个独特属性来做解读：新鲜现做、舔糯米纸、口味多、Q弹还能拉丝，但最关键的是，它的这些特性能以视觉的形式来呈现，而不只是停留在文字层面上。

女主角拍摄了很多类似的高粱饴短视频，有所不同的是开场部分，有的是粉丝提问，有的是自己设计剧情。但都跟后面的产品阐述有目的性的关联，而不是无缘无故地闲聊。

正因为风格清新突出，"Q弹还能拉丝"的高粱饴一度成为抖音平台高热度短视频作品，并且吸引很多网红素人模仿其嘴咬拉丝的经典动作，一时间热度和销量两开花。

小 结

一、畅销爆卖点 3 大特征

1. 强记忆

2. 新奇性

3. 创新性

二、畅销爆卖点 ABC 分级法

主核心爆点（A 级）	针对用户问题的解决方案，固定提 1~2 点
差异化爆点（B 级）	针对竞品而言的独特差异之处，自由选择 1~3 点
信任感爆点（C 级）	帮助产品获取用户信任，自由选择 1~2 点

请你马上行动！

　　根据畅销爆卖点 ABC 分级法，针对一款产品进行解析，
梳理出主核心爆点、差异化爆点、信任感爆点。

购买理由篇

不要试图跟买钉子的客户讲钉子有多么好，而是应该让他清楚用它在墙上打孔挂东西有多牢固。解决顾客的顾忌，让他心动。

寻找购买理由，就是抓住让用户掏钱买单的那个冲动想法！

第三招　解决痛苦：帮助用户摆脱不安

朋友，在翻开这章节内容之前，请你先思考一个问题：你为什么会买一个东西？

这个问题，我问过很多人，有各式各样的答案，有人会说："因为我需要它啊！"也有人说："我喜欢就买了，没什么特别的理由。"更有人会说："店铺搞大特价，就买了。"

那么当你买一款手机的时候，你买的到底是什么？是那堆零件，还是屏幕？都不是！因为手机里的东西根本看不见，就算打开你也认不出是什么。而你购买这个手机的理由可能是"玩手游不卡""自拍特别美"等。

在这些购买理由的背后，绝大多数人是不会去深究这手机是用什么零件组装的，他们需要被满足的就是符合自己当时心境状态的购买理由。

老话说得好，不要试图跟买钉子的客户讲钉子有多好，而是应该让他清楚用它在墙上打孔挂东西有多牢固，要的就是这份感觉！

本篇就从用户的感觉出发，破解短视频带货爆单的秘诀！

在这之前，请你先重温一下自己每次买东西时，掏钱那一刻的感觉……

第一节　激发用户兴趣，吸引其注意力

朋友们，当你看到以下一组对比图片后，内心涌现出什么想法？

不用着急告诉我答案。

先偷偷提示一下，你此刻的想法将与本章节的内容产生很有趣的关联。请允许我先卖个关子，接着往下看……

在抖音平台上，基于内容流量的算法机制（按标签推送原则、流量池分发层级等），就像"世界上没有两片完全相同的叶子，人不能两次踏进同一条河流"一样，同一个账号也很难多次刷到同一条视频。

这时候没有人知道你是谁，也没人知道你的产品是什么东西，每一条带货的短视频作品，都几乎是瞄准用户的兴趣从零再开始的新作品，时刻要尽最大努力吸引用户的注意力。平台就是死掐住流量的源头，倒逼着内容创作者不断挖空心思创作更好、更有趣的作品。

算法机制是死的，人才是活的，于是我们就想了很多方法，"诱导"算法变得对我们更加有利，核心就是激发用户兴趣，抓住敏感点，让他心痒得不行。

如果说有一招，可以迅速吸引用户注意，令其马上行动，并且适用于绝大部分人类，那么这个绝招就非激发恐惧莫属了。一旦你撩起了他们的恐惧感，也就是说吓唬到他们了，他们的眼球就不得不停留到手机画面上，大脑也自动开始应激反应，并高速运转：这跟我的利益是否有关联，我不解决它，会不会导致什么后果？

这是因为，当人感受到恐惧时，大脑中的杏仁核体会被迅速激活，促使你分泌出更多肾上腺素，而肾上腺素则可以在短期内提高注意力和记忆力，让你脱离放松状态，更加警惕留意周围的信息。

这也是我们开头看到这三张图片时，会下意识地把注意力集中在毒蛇的图片上，而萌娃、小狗的图片因威胁性不如毒蛇高，就会在无意间被我们忽略掉。大部分人怕蛇不是没原因的，因为毒蛇有致命危险性，我们见到蛇的恐惧几乎是刻在基因里的。

正因为恐惧营销非常管用，所以商家也无时无刻不在吓唬消费者：

除螨仪：1000万只螨虫跟你同枕共眠，还在你脸蛋上开午夜派对！

学习班：不要让孩子劳累一辈子，也赶不上别人的起点！

理财产品：再见了，支×宝！

钢琴：弹钢琴的孩子不会学坏！

……

恐惧营销门槛低，投入小，见效快，堪称带货必学的营销技巧之一。作为一名卖货短视频创作人，如果不能熟练运用它来卖货赚钱，那真是太可惜了！

第二节　唤醒恐惧情绪：激发用户肾上腺素的两个要点

为了激发痛点，一秒吸引注意力，很多人的做法就是采取"恐惧营销"——先刺激用户的恐惧感，让其肾上腺素猛涨，处于非理性思考的冲动状态，接着才推出产品。

但稍不留神就容易过火。

曾有名学员是做汽车保险业务的，在遇到我们之前，经常在推销过程中绘声绘色地描绘车祸现场的惨状，还展示血淋淋的视频和图片，更以把客户吓得脸色苍白而得意扬扬。

这名学员的口才、业务能力无疑都是过硬的，奈何苦恼的是业绩一直提不上去，就跑来找我们诉苦。

我们一针见血地说："你是吓到客户了，可也做过火了，把客户吓跑了。"

他就纳闷了："可我们公司一直都是这样做销售的呀！"

其实，正是因为他们把车祸现场描绘得太惨太血腥了，才会让客户产生逃避的心理，甚至还会让客户对业务员产生抗拒感："我是来买安全感的，不是来接受交通安全训导的。"

没错，描绘车祸惨状，无疑能让人们提高出行警惕心，避免交通意外发生，这是交通部门的职责，并不属于做汽车保险业务的学员的业务范围。

所以，我们换个角度，让业务员直接略过车祸的惨状，这样来给客户介绍：

赵小明是一名刚入职的货车司机，因为一场车祸住了院，但是在病床上的他并不发愁，仍然在跟朋友连线打王者荣耀；仍然可以刷抖音，追动漫，看球赛；仍然可以跟女朋友讨论今年的蜜月旅游计划；仍然可以听着老爸老妈的啰唆关怀，吃着妈妈亲自做的可口饭菜……更重要的是，我们还为他提供了所有住院的医疗保险支出。但这一切都有个前提。

他买了我们的保险！

如果他没有买我们的保险，将会是怎样的局面，请您细想。

下面请允许我为您介绍一下 108 项客户权益，您看怎样？

要点：

虽然车险产品不能避免车祸发生，但一旦发生车祸，就能及时对遭受灾害的投保人进行补偿，减少损失伤害。它是事故后的止损"补丁"，而非避免伤害的"盾牌"。多强调车祸后"有保险"和"没保险"的比较区别，既能引发客户的恐惧感，也能让客户充分了解到产品的优势好处：买了它后，一旦真的出意外，也有个保障。

果不其然，这名学员回去后照做了，成交过程果然变得顺利了，他也成为部门的年度销冠。

以上这个车险的案例，正是阐述了恐惧营销的两个原则：损失程度与解决成本。

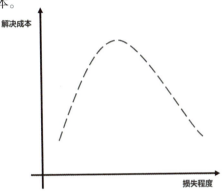

一、损失程度的大小

假若恐惧程度不高，也就是威胁性不够强，还不足以让用户感觉到"痛"，自然难以引发用户关注，也没办法刺激到大脑杏仁核体，触发对方应对威胁的本能。

比如：

小心！你的书要掉下来了 VS 小心，你的手机要掉了！

喝水太急会呛到 VS 1000 万人因喝水被呛送急救

衣服这样洗才更干净 VS 这样洗衣服，一年要多花掉 3 个月工资

......

很明显，相比前者，后者对用户的刺激更大。因为触及自身利益的损失越大，越能激发不安全感，想不注意都不行。否则，用户就容易处于"事不关己，高高挂起"的状态。

同时，这也跟时长有关系。时间越急迫，用户的焦虑感会越强烈；反之，在时间宽裕的情况下，用户会麻木，即出现"温水煮青蛙"的情况。

比如，我们常说"抽烟有害健康"，但抽烟的危害性往往需要经过很长一段时间才能显现出来，对于抽烟者并不能起到震慑作用。

有位亲戚抽了大半辈子的烟，快70岁了，每天还保持着一两包烟的抽烟节奏。他不知道抽烟的危害吗？在买烟的地方，天天挂着警示牌"吸烟有害健康"，可是吸烟者几乎很难戒掉烟瘾。过去几十年里曾涌现出很多经典的戒烟创意广告，乍一看挺吓人的，然而并不能吓倒烟瘾者。该劝的还在劝，该抽的也还是会抽。因为吸烟有害健康是未来的事，并不是说抽完马上会有健康问题。如果今天吸烟，明天得病，我相信他们会立刻掐掉烟头，再也不敢轻易抽了。

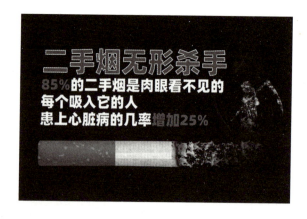

以我曾经营销过的一款戒烟糖为例。

我们都知道，有常年抽烟习惯的人，让他戒掉烟瘾很难，就算短时间戒掉也很容易复吸，而且还会变本加厉。

跟他们讲抽烟会得肺病、呼吸道重病，拿出身边很多人因抽烟得病的案例来举证，依然无效，甚至告知二手烟给家人带来多少危害，对方也依然无动于衷，顶多不在家里抽，跑到外面抽。

那文案该如何写呢？

我在内容里，针对中老年人，特意提了一点：

大叔，您想多陪乖孙儿几年吗？您想看到他长大念书娶媳妇，给您生个白胖曾孙儿吗？那现在请掐掉您手上的烟头！

就这么一段场景对白，后来放在广告里做投放测试，当天的转化率同比提高了 20%。

这里面的奥秘在于，通过心理账户认知转移的办法，扩大戒烟后的收益落差，让他感知到不戒烟的严重损失远超过想象，以此让他产生不安和愧疚感，迫使他做出行动。

损失过大或者过小，都不利于用户做出行动。过头了，会吓跑他；太小了，又不痛不痒。只有精准地激活焦虑感，才能科学且恰当地吓到用户。

二、解决成本的高低

如果用户面临的损失威胁已经很明确了，那么迫使他立即行动与否的另一个核心要素就是：解决威胁所要付出的代价成本是多少，是否超过用户的承受范围，甚至让其无法承受，只能选择逃避。这里的代价成本不仅是物质金钱，更包括时间、精力、情感、人情、友谊，等等。

有一个有奖问答比赛是这样的：

如果你在沙漠里骑着骆驼，遇到两位渴得奄奄一息的富翁，而你刚好有两瓶矿泉水，本来标价就是 2 元，放在平时，这可能是两位富翁根本不屑一顾的东西，现在则成了他们的救命稻草，他们争相出价，试图抓住求生机会。

尽管对方已经报价高达 50 万元一瓶了，但你还想进一步提价，可是对方两人似乎达成了共识，只要一瓶缓解危机就行，死命都不肯让步。那你会怎么办？

答案五花八门。

有人说：告知他们距离最近的市集，还要走上一天一夜的路程，一瓶水撑不到目的地。也有人说，自己喝掉一瓶水，只剩一瓶，物以稀为贵，让他们自己着急起来，再提价。

……

最终有个答案真是让人拍案叫绝，拿下了头等大奖。那就是谁以 10 倍价钱，也就是用 1000 万元买下这两瓶水，他就牵着骆驼载这人逃离这地狱沙漠。

这个故事有点夸张成分，但也正说明了，程度相差不大的威胁，对于不同的人来说，可愿意和可承受的代价都是相应不同的。

营销界有一句流传已久的话——你从不会缺客户，缺的只是饥饿的客户。

怎样能让用户"饥饿"起来，又不超出他的认知范围和承受范围，让他不至于掀翻桌子？

下面这条科学恐吓公式，你不仅要背熟，还要用好！

第三节　四步恐惧营销设计公式：
有效激活恐惧点，让顾客挪不开眼，不得不行动

要想利用恐惧营销来创作带货短视频，关键就是要让用户感受到恐惧，选择去迎战它，而不是抗拒和逃避。

那么如何科学地设计针对消费者的恐惧营销呢？

在《宣传时代》（*Age of Propaganda*, 2001）一书中，作者普拉卡尼斯和阿伦森提出一个完整的恐惧营销设计公式，分别是以下四步：

一、吸引注意，把人吓到

简而言之，即是通过营造威胁，刺激并唤起用户的恐惧感。刺激尺度要怎样把握为佳？其实是以产品恰好能解决这个恐惧即可，切记不可过分夸大、涉及虚假宣传。

时至今日，依靠"恐吓"用户来达成营销目的，依然是成效最快的途径。但是在信息越开放、越容易查找并识别信息的大环境下，消费者天天被漫天铺地的广告信息覆盖轰炸，逐渐聪明起来，开始会理性思考并推敲营销内容，如果你在作品当中一味地鼓动恐吓，恐怕很容易适得其反。

因为很多消费者面对恐惧的宣传广告，往往会产生排斥心理，而不是直接就选择购买这个产品来消除内心的恐惧。

尤其是过度的恐惧营销，往往会引发相反效果，比如曾经在我的朋友圈流传的一张截图，令人哭笑不得，大意是商家把一款蒲公英茶吹捧为治癌圣药，能够在 48 小时内抑制杀死癌细胞云云。首先，内容已经严重违规，涉嫌夸大、虚假功效宣传，其次，也容易招致用户反感。

比如以下这个关于蒲公英茶的表述，"科学发现这种'药草皇后'可在 48 小时内杀死 98% 的癌细胞！而且还排毒养颜消炎降三高！新一代健康爆品的气势不可阻挡！各位大佬放心上架，绝不辜负你的期望！某某隆重推出新品排毒抗癌蒲公英茶！""药草皇后"蒲公英，解毒抗癌首选——蒲公英茶。研究证明，蒲公英根提取物在 48 小时内就会对癌细胞起到抑制作用，解毒消炎，天然抗生素，降血压，

降血糖。 试想一下，有谁会指望它真能在 48 小时内杀死 98% 的癌细胞呢？真信了才危险。这就是风险大到让用户不自觉产生逆反之心，选择了不信任和逃避抗拒。

所以尤其是在短视频带货方面，恐惧刺激真的"够用就行"！

二、推出产品，给出具体的解决方案

光恐吓还不行，我们的出发点就是带货卖产品。"张牙舞爪"了一番，"吓到"了用户，成功吸引到他的注意，但你的产品是否适合解决前面铺垫营造出来的恐惧感呢？

有的放矢很关键，千万不要干风马牛不相及的事情。

比如你想推一款除螨仪，开头的对白是"你知道为什么每天醒来都觉得脸上奇痒无比吗？其实一个枕头上有百万只螨虫陪你同眠"，对应的是显微镜下螨虫爬来爬去的画面，接着推出产品和卖点——"推荐这款 ×× 除螨仪，荣获德国红点奖，某宝双 11 销量前三！"这未免会令人摸不着头脑："你获得的奖项跟我想要的除螨有什么直接关系吗？"

如果换成"采用蒸汽高温消杀技术，能杀灭螨虫，抑制再繁殖……"反而会更显顺畅，逻辑紧密。

所以，针对特定的恐惧感，最好有具体的关联产品或解决方案，至少是能够自圆其说。

三、给出的方案能有效解决（降低）威胁

解决方案已经提出来了，但它依然要经受一番考验质疑：真的可行吗？值得信任吗？

如果你不能解决这一信任问题，证明你的产品是有效的，那么用户自然不会光凭你空口白牙，就下单购买的。

为了证明真的有效，可以使用的技巧有很多种，比如试验测试、使用演示、权威认证、用户证言、畅销热卖等。

但在短视频带货的领域，就要使用具有画面冲击力的技巧，一切以"吸睛"为核心，为"吸睛"服务。

如果证明过程平淡无奇，比如就是单单放上五六个顾客的使用体会感言，容易显得节奏拖沓，画面沉闷，反而效果不佳，那宁可不放。

四、行动成本低，方案容易实施

作为消费者，买了这个商品，或采用这个方案，价格到底贵不贵，使用方不方便？这些都要一一讲清楚，打消其顾虑。如果价格太高，消费者的行动意愿就会降低，甚至另找价格更低的替代。

而能有效降低消费者行动成本的常见做法是做除法和做加法。

1. 做除法

产品的单价除以数量，告知均价其实很实惠。

比如原价19元一袋10颗的洗衣凝珠，现在直播间只要9.9元，买就多送一袋，还包邮，单单一颗就能洗一家四口的一大桶衣服，一次只花5毛钱而已。

2. 做加法

通过产品属性讲解、加送赠品、福利叠加的方式，让用户知道价值在不断被叠加放大，觉得自己真能"占到便宜"。比如一条带货卖海盐的视频，就是这样编排的：

A：哥，你买这么多盐做啥啊？囤起来吗？

B：你买一包盐多少钱？

A：2块多呗。

B：那要是海盐呢？

A：那不得3块或4块？

B：那你买贵了！你来看一下这精制的海盐，未加碘，一包足足有400克，后面配料表只有盐，像这样的一包盐啊，7包才几块钱而已。

A：这么好啊，哪里买得到？

B：点击下面的购物车啊。

没有什么比"占便宜""实惠"更能打动人心的了。这也是为什么有些看起来挺简单的作品，即使只有短短十几秒，却依然有很高的热度和播放量，其后台带货数据也很可观，背后往往正是因为它们用对了降低用户行动成本的这两个技巧。

说完了以上四步，围绕着"有效唤起恐惧，立刻帮他解决"这一主题，一个完整的恐惧营销设计流程就可以走完了。

而上述任何一个环节出现错误，往往意味着恐惧营销的失败。

要想做好恐惧营销，除了以上四步外，还必须要掌握以下细节。

正如前文所言，要想吓到用户，就是让他感到局促不安、心里焦虑，就像在他心里挖了一个坑，让他感到怅然若失，一定要想尽办法填平这个坑。

而挖坑的铲子，这时就显得非常重要，什么时候用什么铲子，心里要有数，也就是说，要明白说什么最容易引发用户不安。

多年的营销实践发现，你可以依据马斯洛需求层次模型，从生理需求、安全需求、社交需求、尊重需求、自我实现需求里挖掘。越是底层的需求，越是能快速激发用户的恐惧，尤其是生理需求层面的，就特别适合做带货短视频的恐惧挖掘点，比如食欲、睡眠、欲望、呼吸、水、性、生理平衡、皮肤，等等。

越是本能的需求，恐吓的操作成本越低，也越容易见效！

不信的话，你可以在抖音热卖排行榜里看看，是不是美食、日化清洁、美妆护肤产品占了大头？

排名	商品	价格	佣金比例	上周销量(件)	销售额	月销量(件)	30天转化率
1	10袋起拍-重庆特色◯◯◯火锅底料50g手工全型麻辣烫	¥1.50 [规格]	16%	73.2w	109.8w	646.5w	100.00%
2	10袋起拍◯◯◯老火锅底料50g独立小包装单人份麻	¥1.50 ¥2.50 [规格]	16%	55.9w	83.9w	630.6w	100.00%
3	◯◯◯岩烧芝士酥饼干日式网红薄脆咸甜休闲零食118g	¥10.96 [规格]	10%	54.6w	598.9w	822.9w	56.73%
4	【非迪】重庆老火锅底料50g小包装一人份牛油麻辣◯	¥1.50 [规格]	1%	41.5w	62.3w	510.7w	100.00%
5	加厚纯棉珍珠纹洁面巾卸妆巾◯◯◯洗脸巾一次性洁面巾	¥4.98 [规格]	11%	32.3w	160.8w	108.6w	50.81%
6	◯◯◯鱼香肉丝调味料川菜炒菜家用调料80g	¥20.90 [规格]	25%	28.3w	590.8w	164.2w	46.32%
7	【福利款】◯◯◯士林果酸润肤露滋润男女身体乳,500◯	¥12.90 ¥15.90 [规格]	10%	26.9w	346.8w	44.2w	53.89%
8	挖耳勺掏耳勺挖耳朵掏耳神器成人用采耳工具套装清洁不◯	¥9.90 ¥19.80 [规格]	50%	26.8w	265w	65w	57.98%
9	◯◯◯超薄无钢圈大胸内衣	¥108.00 ¥268.00 [规格]	0%	26.7w	2,886.2w	26.7w	

数据来源：蝉妈妈 2021 年 12 月第 1 周抖音热销排行榜

我们的实操经验，可供你借鉴：抓准一个需求点，只要 ROI（Return On Investment ，投入产出比）的数据不亏，就可以持续运用，往往这样才更容易做出爆款，天天卖爆。

当然，也不是让你永远只局限于本能需求层次的创作，只要能挖掘闪光爆点，就可以把恐惧营销玩得很溜。

比如一款口气清新糖，就有点别出心裁。大多数同行都是诉求清除口腔臭味，它却另辟蹊径，主诉求是"约会前来一颗，亲嘴香香没尴尬"。

脚本文案如下：

嗨，有男朋友的姐妹，是不是都有过接吻尴尬的时候，嘴巴难闻、口气不清新的情况？还有特别喜欢吃螺蛳粉的宝宝，吃完之后嘴巴的味道简直了，这个时候该怎么办呢？

这个时候，就靠这款××亲嘴香香珠来拯救你啦！它是一个在日本药妆店很有名的牌子，也是我无意中发现的，真的超好用。

外包装给人一种少女感满满的感觉，有4种口味，里面是一小颗一小颗的，不管是吞服还是携带都是非常的方便。

如果你选择吞服，1~2颗，用热水或者是温水就可以了。如果你是刚吃完像螺蛳粉、臭豆腐这种味大味重的食物的话，建议大家3~4颗吞服。尤其是吃完后，还有应酬或会议，来不及处理口腔异味的时候，这个都是可以帮你解决这种尴尬情况的。

真心建议你们人手一个，然后放在包包里也很方便。因为现在大家都用嘴巴交流，给人的第一印象很重要！

一盒4种口味，也不过一杯奶茶的价格，所以大家，尤其是那些刚谈恋爱的小情侣们，一定要囤上这个！

用我们恐惧营销四步公式来拆解：

1. 吓到用户——嘴里有口臭，碍到谁了？

试想一下，到底谁最在意口臭问题，并且是抖音上基数特别大的用户群体？

没错，就是年轻女性，如白领、大学生等，千万别小看略带调侃、猎奇性的"话题"，抖音电商带货就是基于目标用户的兴趣，而这种短视频就冲着她们最钟爱的兴趣标签而来。通过暗示"嘴巴有异味"，会导致社交尴尬局面，那些热恋中的小姐姐，更是害怕因此导致在恋爱对象那里的形象减分。

信则有，不信则无，它就针对信有其事，还愿意为此掏钱买单的那一部分人群。

2. 推出产品——"亲嘴香香珠"

如果恐惧点所能覆盖的人群基数越大，成功吓到把注意力转过来的人就越多，肯掏钱买单的人数自然也越多，并且针对"爱吃螺蛳粉、臭豆腐"的用户标签，可让更多人对号入座。

如何让她们远离因口臭导致特殊场合的尴尬烦恼，这就是本产品赋予的解决方案。

3. 证明有效——让她们感到可信

怎样证明有效果？

本作品用以下佐证技巧：

具体实例——列举生活常见的场景（约会、开会、聚会）、实物名词（产生异味的食物，如螺蛳粉、臭豆腐、榴梿等），可让商品卖点更为具象化，更容易被用户所理解和接受。

权威嫁接——本产品在"日本药妆店有售""在日本很有名气"，用药妆店和名声来降低用户的初始戒备心。

使用演示——根据不同的场景，可用温水送服对应的数量，无形当中可以起到催眠指令的作用，让用户下意识自动记录此类场景的动作。

4. 行动成本足够低——再给她们算笔账

试想一下，能让你逃脱社交尴尬困境的神奇好物，四种口味居然只不过是一杯奶茶的价钱。买回来放一盒在包里，以备不时之需，还是可以接受的。

就这样抓住特定用户、特定场景、特定需求心理，恰好成就了这则销售数据不错的 25 秒短视频。

第四节　案例解析

案例 1：洗衣机脚垫

1. 吓到用户

开场 3 秒的视频内容是，洗衣机"轰轰轰轰"地抖动起来，甚至把一盆待洗的衣服都弄到地上。

洗衣机是家庭生活里必不可少的电器，它工作时的抖动震动也非常符合日常生活的认知。我家的滚筒洗衣机就跟下图一样，经常把衣物抖到半米开外，就算垫了东西也是如此，甚至有的时候还抖到漏水，让阳台地面湿滑滑的，特别不安全。

如果它一直这样剧烈抖动，很多人都会担心把机器抖出毛病来。好，如果这个念头经常会浮现在你的脑海中的时候，恭喜你，你已经被成功"吓到"了。

2. 推出产品

此时画面一转，"救星"出现了！就是这个脚垫。

同时画外音旁白："有了这个脚垫，你家的洗衣机就能多用20年，消除噪声，减少震动，避免泡水，打扫起来也方便多了！"

解决方案就是有针对性地，在自己产品能力范围内，解决用户的担忧恐惧，千万不要贪多，记住一句话："过犹不及，刚好就行。"

3. 证明有效

这个短视频只有 10 秒，怎样才能在短短的几秒时间内，证明这脚垫真的有效防震防抖，解决用户的恐惧？

这时不需要过多的文案对白来解释说明，直接在脚本中设计对应的动作、场景。

旁白 / 字幕	对应动作 / 场景
消除噪声	用噪声测试仪，测试前后分贝对比
减少震动	小姐姐抱着正在运转的洗衣机
避免泡水，打扫方便	拿着扫把来回清扫洗衣机下的积水

4. 行动成本低

价格是 9.9 元 4 个，还包邮。脚垫是比较耐用的，有的甚至能用上十几年，所以，无论是从短期改善洗衣机抖动还是长期使用价值来说，都是值得入手的。用户之所以能马上下单买，是因为行动成本低，这笔生意划算。

案例 2：密封胶泥

这则 12 秒的短视频，全程既没有文案，也没有旁白，算是比较简单的剪辑产品，却把恐惧营销用得刚刚好，总播放量超过 12 万人次，带货也有两三千元的销售额，创作成本很低，收益却相当明显。

1. 吓到用户

开场就是两只南方特有的巨型蟑螂，从洞口里爬出来，径直向着拍摄者飞奔过来。虽然人工操作的痕迹较明显，应该是用线拖动蟑螂或小道具营造出来的场景。但这一点都不影响它的恐吓效果，但凡对蟑螂有心理阴影的人，看到这一画面，就会不由得想起曾经被蟑螂支配过的恐惧。

小贴士：同理，道具也可以换成老鼠、蛇、苍蝇等，恐吓效果也不俗。

2. 推出产品

面对因蟑螂而生成的恐惧，如何解决呢？那就牢牢封堵住这个孔，让它们没法钻出来作害吓人。

3. 证明有效

12 秒的视频里面有 9 秒都是在讲述它是怎样把漏孔、空调洞、洗水盆漏水口等——封堵，风干硬化后，密密实实，防漏防风防鼠虫的。这就是通过功能演示，提高认可度，降低了用户购买后的使用风险。

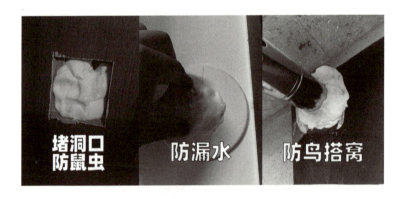

4. 行动成本低

5 袋才 4.8 元，还有 2 元优惠券，抵扣后就更便宜了。2 袋就足够堵一个空调管道的洞，下个两三单就足够封堵家里漏风的孔洞了。比起用水泥浆填实容易弄脏白墙，这密封胶泥确实方便得多。

案例3：提升口才和情商技能的书籍

此类读书号、情感号的主题鲜明、内容主线简单，就是告知你一些人生道理和如何提升交际技巧。但能否用恐惧营销来推呢？只要你挑准的恐惧点，能覆盖的目标群体足够广，就能获得不俗的数据。

前两年火爆一时的养生茶短视频也是如此，就是告诉你缺什么、怕什么，我都可以帮你补上。这类视频通常比较短平快，简洁实用，一针见血。

1. 吓到用户

开场一句吓人话：如果你的嘴很笨不会说话，特别是在重要的场合，比如面试、谈判、表白等，心里面想的话，总是被卡在喉咙，表达不出来怎么办？

2. 推出产品

为了解决嘴笨不会交际的问题，短视频里如是说："我告诉你，你只要看完以下这本书，绝对让你的嘴皮变顺溜，人情世故拿捏到位。就是这本《曾国藩家书》，能教你会做人、会说话、会办事，在生活中左右逢源；能教你学修心，为人处世不生气、不计较、不抱怨，让你懂得人情世故，在生活中游刃有余；能教你会赞美、会幽默、会拒绝，让嘴巴说出你的心里话，不得罪人，还受欢迎。"

3. 证明有效

怎样证明有没有效果呢？它并没有在旁白中表述，而是通过曾国藩在朝堂上奏议的影视剧素材来侧面暗示，他是如何做到官场逢源，为人为官，文治武功，凸显晚清第一重臣的显赫地位的。

4. 行动成本低

买书看书，一直都是公认的低成本学习方法，既不像课堂教学，也不是限定时间内强制学会。只要你确实是需要这本书来提升下口才和情商，哪怕是翻几页，也能满足自己对消除社交恐惧的一点小小心愿，而且定价在心理承受范围内的话，那下单自然就不会有什么心理障碍了。

小 结

1.吓到用户	2.推出产品	3.证明有效	4.行动成本低
他们怕什么	帮他们消除什么恐惧	证明真的管用	代价能在承受范围内，实施难度低

> **TIP**
>
> **请你马上行动！**
>
> 找一款生活用品，比如百洁抹布、除湿机、汽车破窗器等，根据四步恐惧营销设计公式，设计一套有效能用的恐惧营销方案。后面第五招将教你以此场景创作画面脚本。

第四招　激发欲望：勾出用户心中欲念

第一节　要想用户下单，必须让他冲动起来

曾几何时，我对抖音、手游等短视频和娱乐 App 一直保持着警惕心，除了工作需求外，能不打开的尽可能不打开，生怕自己一打开就会玩半天，让宝贵的时间无形中被"谋杀"掉。我有一位熟人是从事抖音带货的运营人员，她从早到晚都要盯着手机，寸步不离。某一天，我抱着好奇的心态，凑过去看，结果发现，她刷到的都是非常好玩有趣的视频。按捺不住的我也打开了抖音 App，结果刷到的都是毫无趣味的歌舞表演和心灵鸡汤。

后来她跟我解释，抖音的内容推送机制就是根据用户的行为标签而定的，她每天为了收集带货案例和数据而刷抖音，日子久了，后台就会认定她是一个重度黏性用户。沉浸时间越长，标签自然越清晰，所以抖音就会给她推送她感兴趣的那类视频，让她越刷越上瘾，欲罢不能。

而我因为没怎么刷过抖音，所以后台就给我随机推送一些大众喜闻乐见的作品过来。难怪我一点都不"上瘾"，原来是因为我没上头。此后，我便开启了抖音的疯狂剁手模式，看到内容不错的带货视频或者直播，只要价格能接受，想买就买，然后就收到了一个又一个从全国各地飞奔而来的包裹。这些包裹里的东西从美食、日用品到小玩具应有尽有，收到快递包裹拆箱时，我会感到心情特别舒爽，接着又兴致满满地刷抖音，不断寻求下一波能满足我快感的作品，并乐此不疲。

这整个过程，其实就是人体大脑分泌的多巴胺在作怪。多巴胺是人体天然的化学物质，主要工作就是负责将身体发出的信号传到大脑，并且强化大脑皮质发出的动作指令。所以不管你是在健身还是在工作，只要感觉到疲累、烦躁等，多巴胺就会把讯息传入大脑，因此影响到你的情绪、睡眠、记忆、注意力和运动的控制力等。多巴胺的浓度越低，越容易让人沮丧，反之则会令人感到快乐满足。

用个通俗的说法来表达，多巴胺就相当于快乐因子。缺了它，可能干活提不起劲，容易感到焦虑、悲伤，甚至恼怒。

本节内容就以短视频带货的需求为核心，探讨如何通过激发多巴胺来实现用短视频卖爆产品。

第二节　激活成交欲望：
想要大卖必须瞄准的六种"多巴胺"欲念

如果说前一节"解决痛苦"，讲的是如何通过引发恐惧，吓到用户，促进人体分泌肾上腺素来实现带货的目的，那么本节则是讲解如何

激发、利用用户的欲望来让多巴胺飙升，让其冲动、上瘾，从而按下大脑中的购买按钮！

是人就会有欲望，区别在于欲望的强弱，当欲望强烈之时，理性思考力就会下降，感性冲动随之就会上涨。而欲望主要分为六种：嫉妒、愤怒、懒惰、贪婪、贪食及色欲。

目前抖音上卖得火爆的爆款短视频，大多是擅长利用人类的欲望，有欲望，就意味着有弱点，集中弱点攻克，就可以收获成效。

一、嫉妒，即攀比心

"我不允许就你有，我也要有！"

嫉妒和攀比是促进购买的最好道具。当人产生嫉妒心理的时候，也就是购买动机最强烈之时。比如，当你羡慕某个人拥有某种产品时，你羡慕的是对方所拥有的"高光时刻"，同样，当你买下这种产品后，你也可以马上享受这种"高光时刻"，成为那个被他人羡慕嫉妒的对象。这时候，往往你就容易冲动下单。

所以，如果想让用户下单，要设法激发用户的攀比心，一旦用户心生嫉妒，就容易冲动下单。

带货适用范围：单价偏高、消费次数偏少的产品，以冲动消费为主。如旅游、民宿、婚纱摄影、游乐园、汽车、化妆品、电器等。

操控方法：描绘差距大小＋幻想高光时刻。

案例1：记忆力训练丛书

这条视频的内容是将某综艺节目进行混剪。

标题：当你家孩子学不下去的时候，就来看看学霸吧，让孩子满血复活

#学霸##教育##孩子，为你自己读书##家庭教育#

旁白文案：

关睿怡，22岁，哥伦比亚大学硕士在读，高考699分考入北京大学光华管理学院。

宋佳昌，连续4年入选华盛顿大学院长名单，获得文理科双学士学位，并被院长授予荣誉生。

陈乐融，连续4年进入南加州大学院长荣誉名单，同时被国内4家顶级科技公司录取。

娄云皓，16岁，亚洲竞技叠杯锦标赛冠军，魔方世界锦标赛冠军。

胡家华，20岁，世界记忆大师，2018年亚洲记忆公开赛全场总季军，2019年中国记忆锦标赛全国总亚军。

赵金昊，24岁，保送清华大学交叉信息研究院；2013年，中国数学奥林匹克竞赛金牌。金牌是从每个省的一等奖的获得者中比出来的，所以拿金牌的人一定是强者中的强者。

王欣冉，北京大学物理专业，"北约13校"联盟自主招生笔试满分。

路畅，11 岁，上海星河湾双语学校小学在读，美国数学竞赛八年级组全球前 1%。

如果你的孩子不爱读书，一定要让他看看这套书《孩子，为你自己读书》。

这套书说，孩子自己从内心觉察到读书的真谛并为此努力，比父母说多少遍都管用。

90% 的孩子看完后都会幡然醒悟，读书更加努力。

评析：作品通过不断展现"别人家的学霸孩子"，将那些特别不满意孩子学习成绩的家长们的羡慕嫉妒心理撩拨起来，并告知家长，如果孩子不爱读书，一定要让他看这本书，90% 的孩子都会迷途知返、幡然醒悟。想到这一点，家长们往往就容易冲动下单了。这就是利用和放大了人性中的攀比嫉妒心理，来促使用户冲动下单。

案例 2：100 辆小汽车的玩具套装

这短视频内容很简单，但短短一天却产生了近 1000 单的销量。

这条视频以一位母亲的视角诉说，母亲为孩子添置了一套 100 辆小汽车的玩具套装，当宝宝睡醒后看到这件神秘礼物时，顿时开心得不得了，还捧着玩具在客厅跑了一圈。看着满脸都是笑容的孩子，当母亲的特别有满足感。

文案如是写：

汽车控的宝宝，一次性拥有 100 辆小汽车玩具，真是太快乐了，每个妈妈都想让自己的宝贝永远这么开心吧？

如果刷到这个视频的观众也是父母，恰好孩子也喜欢小汽车，就会产生一种嫉妒心："你家孩子这么幸福，我也不能让我家宝宝落空了，我也要成为让别人羡慕的好妈妈/好爸爸。"

这种方法同样适用于盲盒、服装、住房、汽车等容易被外部环境因素影响、容易让人产生冲动消费的产品。拥有本产品带来的层级差距，包含了金钱、地位、家庭、事业、感情、容貌等，都是能击中用户心理弱点的强大武器，用妥当了，就能促使他们冲动起来，带货自然事半功倍。

二、愤怒，即烦恼不忿

"我讨厌 ××，谁能帮我解决这个问题？"

利用用户讨厌某种现象或场景而引发的愤怒情绪发起话题来引发愤慨共鸣，同时顺势推出对应的问题解决方案。

跟一个人结盟交友其实很简单，不是要与他共同喜欢一个东西，而是要与他一起讨厌一件事情，例如一起吐槽工作不顺、不喜欢吃辣椒、讨厌寒冷天气等。敌人的敌人，即是朋友，当他成为你的盟友后，再向他推产品，障碍就少得多了。

带货适用范围：单价偏低、消费高频的产品，以冲动消费为主。如护肤美容、汽车用品等具有使用前后效果对比的产品。

操控方法：激活愤怒点＋对应解决方案。

重点：聚焦于使用前后的视觉对比，证明其确实能解决问题。

案例1：职场心理丛书

激活愤怒点：看完这10本书，没人能把你当软柿子捏。

对应解决方案：

图片	旁白/字幕
《墨菲定律》	揭秘事物运行的客观规律
《说话心理学》	一开口就让人喜欢
《狼道》	生活中的强者法则
《微表情心理学》	人际关系中的心理策略
《九型人格》	发挥自己的个性优势
《读心术》	在第一时间看透对方
《人际交往心理学》	正确把握人际关系的本质
《答案之书》	无数人生问题的答案之书
《羊皮卷》	谋略书籍的开山鼻祖
《鬼谷子》	超越自我极限的奇书
《人性的弱点》	解开人性强大的密码

案例 2：汽车雨刮修复器

愤怒点：别雨刮一坏，就给汽修店送钱。

对于有车的人来说，自己的爱车开久了必然就要修修补补，这本是家常便饭，可这里换个螺丝，那里换下弹簧，动辄就要成百上千。如果是进口车那更过分，往往零件都要等进口排期，等上半个月或一个月都很正常，既费钱又耽误事，能不让车主们冒火吗？

所以这款汽车雨刮修复器就主打这一愤怒点："别这么点小事，都要给汽修店送钱，心有不甘！"

接着，视频会告诉你，如果你的雨刮坏了，不要着急开去汽修店，可以试一下这款雨刮修复器，然后视频还贴心地附上整个操作教程，教你如何安装，细节展示也很到位。此前被"动辄给汽修店送钱"挑起的怒火，一下子被削弱了不少，马上就对这款雨刮修复器产生兴趣了，再看一眼价格，也就 9.8 元，就算现在用不上，也可以买回来放车上备着，总比动不动就被汽修店"割肉"要好多了！

需要注意的是，用户的愤怒点，恰好在你的解决范围之内，才能相得益彰。

案例 3：家用刷毛器

愤怒点：爱宠人士逃不掉的清理难题。

家里有养猫猫狗狗的，最烦心的除了铲屎外，莫过于掉毛了。一天不清扫，衣服、桌椅、地板、床铺上都是小可爱们掉下来的毛毛，逼得铲屎官们再也不敢轻易穿深色衣服，甚至开始购置昂贵的吸尘器、扫地机器人天天清扫毛毛，又累又烦恼。

你有没有试过，急着出门前发现自己身上沾满猫毛，怎么刷都清理不干净，真是能被气得半死。可是罪魁祸首们歪着头用无辜可怜的小眼神"乞求"原谅，自己心又软了，真是又气又无奈。

如果你恰好经历过这样的场景，那就能轻易挖掘出这刷毛器对应的怒火点：掉毛难清理。如果是电商详情页、推文文案里面，一般都会先描绘前面所提及的恼火场景，试图勾你想起这些不愉快的回忆，再推出产品或服务来解决这个痛点问题。

所以针对清理掉毛困难的怒火点，就主推一个核心点：一推一刷，卡槽里都是清理出来的毛，一抓一大把，让衣服、被铺、地板都干净多了。

通用模板：

面对解决生活小麻烦的产品，你们可以试一下这个消灭怒火的创作句式模板，很多学生反馈很好用。如下：

- 真的太麻烦了！（引人注意）
- 你有没有经历过××（列举三四个恼人场景）
- 现在推荐我用过的这一款（引出产品）……
- 这个产品真好用（演示产品证明有效）……

提示：在创作过程中，首先要注意的是，短视频作品对时间、篇幅和节奏的要求都是以紧凑为主，尤其是带货类的作品，只要烦琐一点，就会影响到完播率、复播率。如果一个用户能看完一遍视频，又多循环看了三四遍，那么这样的转化率反而更高。

这也是为什么越来越多的带货短视频，都越来越"短平快"了，甚至开场就一句话，后面全都是产品演示画面，带来的数据效果居然也不错。

三、懒惰：省事省心，免去麻烦

"让用户躺平，非常方便。"

享受舒适生活其实是人的天性，消费者往往惯于处于舒适区。古往今来，省事、图方便，一直都是科技进步的驱动力来源，从古代的马镫、农耕器具，到近现代的电话、汽车、飞机，皆因懒惰诞生。如今，大伙儿不愿意冒着严寒酷暑外出吃饭，便有了各种拼团、外卖等上门服务。一个产品要想在短视频上卖得好，必须要投其所好，让人能真的享受"舒适"的快感。

带货适用范围：单价低的产品，以冲动消费为主。如服装配饰、健身运动器材、日用收纳、清洁用品等。

操控方法：抛出诱饵＋演示证明＋设计爽点。

重点：在带货短视频的领域，最受欢迎的永远都是最简单的，所以要尽可能挑选"受众广、刚需强、高频率"的产品。

案例1：剪10下剪出千元级刘海，让造型总监差点下岗

曾有一款牙剪，在短时间内收获数百万点赞，号称对着辫子这样剪10下，就可以拥有蓬松性感的同款刘海了。这款牙剪才不到一杯奶茶的价钱，却能在效果上，轻松逼得造型总监失业。

爱美之心人人有之，更何况是特别喜欢在美丽路上使劲折腾的小姐姐们，一时间无论是素人，还是大号博主，都竞相模仿做评测带货短视频。众人拾柴火焰高，短短几天，这款牙剪就冲上了热榜，收获了巨大流量。

商品	抛出诱饵	演示证明	设计爽点
懒人牙剪	在家自己也能剪出造型总监级的刘海造型	刘海卷成辫子，剪10下	摊开辫子，拿梳子一理，蓬松性感的千元级刘海就出现了。省钱，还免去在理发店干坐几个小时的等候烦恼

案例 2：折叠泡脚桶，用完就能塞到角落里

商品	抛出诱饵	演示证明	设计爽点
折叠泡脚桶	收纳方便，节省空间	折叠起来如同手提包大小	洗脚后，直接能塞进卫生间的洗手台下面、门口缝隙，再不用为收纳而烦恼

　　不要试图满足所有人对于舒适的需求，只要盯紧自己的产品最容易演示验证的刚需舒适点，就算合格了。至于目标用户是否认可，那还需要经过投放测试来验证。

举个反面案例，比如在疫情防控期间，我们曾推广过一款可直接冲走，不堵马桶下水道的特殊纸巾，就是针对当时提倡便后不要把废纸丢入垃圾筐，以隔绝病菌传播途径的需求。

虽然经过恐惧营销和激发懒惰欲望的双重运作，前期销售数据不错，但很快就做不下去了，因为针对便后废纸丢马桶里冲走，不堵马桶，直接隔绝病菌传播途径的懒惰点，实在有太多的可替代竞品。这款产品不能让人眼前一亮，自然惨淡收场。

四、贪婪：占便宜

"必须要让用户觉得真占到了便宜。"

贪婪，其实也就是占便宜。让用户自动上钩的一种方式，莫过于拿金子当诱饵，比如推出折扣、满减、买一送一、优惠券、返现等优惠方式。无论是开店做买卖，还是做电商，要想用好这一点，最要紧的不是出台各种让利手段，而是能真正让用户产生一种认知错觉——"哈哈，我占到了他的便宜，好兴奋，我赶紧掏钱，不能让他反悔！""谁说买的不如卖的精？今天我就薅到羊毛了！""买到等于赚到！"

带货适用范围：单价低、消费高频的产品，以冲动消费为主。如食品、清洁用品等。

操控方法：打破价格锚点＋追加额外福利。

重点：让用户觉得自己"真占到了便宜"，就是引发贪婪欲望的核心要旨。

怎样操控贪婪欲望？

很简单，任何人都可套用以下这套公式模板：

A："你猜这大一桶方便面多少钱？" B："十几块吧。"	价格锚点 1
A："错啦，我再问你，9.9 元可以买多少桶？" B："一桶吧？"	价格锚点 2
A："我告诉你，1 桶、2 桶、3 桶、4 桶、5 桶！（拿出方便面一层层堆起来）9.9 元就能打包带走，再送你 3 根火腿肠，凑个 8 字好意头，直播间下单还包邮！你别忘了！"	价格锚点 3+ 额外追加福利

不管是真亏本做活动，还是另有打算，你可以先抛出一个价格锚点，让用户认可，再打破它，然后以此连环打破几次你本来已经认可的低价印象，用户就开始兴奋起来，内心打起小心思："这太超值了，我一定要薅到它的羊毛！"心动就容易冲动，这时用户就会轻易下单。

除了一件件展示产品数量外，还有更简单的，就是一把将产品全部拿出来，直接将镜头堆满，让人从视觉上直接感知到"这量可真是不少"。

比如这则带货卖大包抽纸的短视频，为了突出"量多实惠"，先后用了 4 个场景锚点做对比，从开箱到拆包演示，节奏感流畅，让人看得舒服，容易取得用户信任。

场景锚点 1：开箱展示

场景锚点 2：与手臂相比

场景锚点 3：列举数量

场景锚点 4：测试演示抽纸韧性强，不掉渣不掉屑

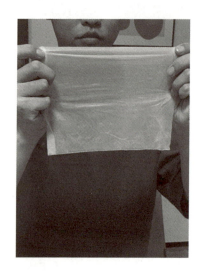

还有一种方式，也是通过塑造价格锚点来激发贪婪欲望，那就是大牌同款、品牌平替，通过细节描绘，不断堆叠产品的价值，将用户的期望值一再拔高，告知他如此品质不输给大牌的产品，价格只是大牌的百分之几。期望值和优惠价格的落差越大，就越容易让用户产生想要占有它的冲动！

有人是这样做的，把标题文案写成"100多元的手办和5000多元的手办差距到底有多大？！"，通过标价数字直接挑明差距，来间接吸引用户的眼球，然后通过文案旁白和细节对比展示，来证明这100元级别的手办完全不输给5000元级别的手办。如下所示：

锚点1（价格对比）	100多元的手办和5000多元的手办的差距到底有多大呢
锚点2（描绘细节）	这款由眼镜厂出品的KOA艺术王者艾斯，是最近性价比巨高的一款艾斯手办。跟同价位级别艾斯手办相比，这款艺术王者艾斯的体积也是相当令人满意，仅仅是蹲姿状态下，也达到了14厘米的高度，在面雕方面的表现也是相当令人满意的
锚点3（价值对比）	完全不输给1000多元售价的POP艾斯，甚至比5000多元售价的T社艾斯更加还原，微小细节的表达和刻画，以及身体各处纹理表现和涂装水平，都远超过同价位级别的其他手办，作为《海贼王》正版授权的商品，非常值得购买

五、贪食，即食欲

"让美味食品看得见，吃得到。"

所谓"民以食为天"，在抖音平台上，食品饮料占了一大片江山，在抖音精选联盟上，已经开始涌现一大批日销百万的单品。因为食品类带货视频的门槛在不断下调，商家不必拍摄出如同《日食记》《舌尖上的中国》《人生一串》等美食纪录片水平的视频，只要突出食品本身的优质特色，比如新鲜光泽、出炉热气、制作过程、松软Q弹等，即可产出合格线之上的带货作品了。

要俘获用户的心，首先要满足他们的胃。

但隔着手机屏幕，用户没办法直接品尝食品味道，你也没办法通过一大串文案描绘来表达味觉体验，那怎么办？

其实，要撩起观众的食欲，要从色（视觉）、香（嗅觉）、味（味觉）、音（听觉）、手（触感）、心（感觉）入手。短视频要带好食品产品，最佳的办法莫过于突出与文字描述不同的优势，即时性互动，把视觉和听觉的互动性优势放大。

带货适用范围：可囤货的低单价食品、烹饪用具、厨房电器等。

操控方法：放大感官刺激（视觉、听感）+ 嫁接场景。

1. 视觉刺激

食品本身最大的魅力，在于"足够新鲜"。这也是人们对食品的最基本要求。

食品好不好吃，先要看食材是否新鲜，比如新鲜的牛羊肉，肉色鲜红，肉质富有弹性，非常有光泽，用手指按压一下没有指印，就表示食材比较新鲜；相反，如果肉色苍白，且摸起来湿乎乎的粘手，没有任何弹性，肉面暗红，那么这块肉就是放置很长时间了，不推荐再去购买。新鲜的鱼类，鱼眼凸出明亮，鱼鳃呈鲜红色，鱼鳞有光泽且不易脱落，鱼身用手指按压下去有结实感，肉质不松软，表示此为比较新鲜的鱼。

以上就是辨别食材新鲜度的生活技巧，这一点可用于营造视觉刺激，比如通过打灯光，来营造食材的新鲜光泽。

如果拍出来的亮度不足，则会大大影响食欲，所以，为了表现出食材的新鲜度，往往要提高光照亮度，突出食材的光泽，这是最容易催生爆款的细节，但切记要保持自然感，滤镜不要过猛，导致失真。

小贴士：食品视频多采用暖色，暖色更能刺激食欲。除冰冷食品外，慎用冷色系。

2. 听觉刺激

作为五感之一的听觉，一直被低估。

人们往往重视视觉效果的营造，却忽视了声音也是能调动用户感官记忆的有效手段。

曾有这样一句话："精明的商家卖的不是牛排，而是煎牛排时的滋滋声。"

请你想象以下画面：牛排和油触碰，那冒出的烟、溅起的油花、颜色的渐变，配上煎炸时发出的滋滋声，这可真是难以用文字描绘出来的绝佳感官享受。

创作者很巧妙地将烹调过程发出的特有声响，特意做放大音效来呈现，让人在观看时，双管齐下加深感官认知。

以前受限于互联网载体的平面阅读模式，我们没办法用声音突出产品的感官优势，但短视频的异军突起，为声音打开了一扇崭新的大门，让听觉和视觉的效果合一，更能撩起用户的食欲。

现在的短视频已经不局限于视觉上带来的冲击了，有很多创作已经盯上了五感之一的听觉，用音效和声音来激发观众的欲望。

用一个比较有趣的案例来说明。看恐怖片时，如果你真的很怕，那么就把声音调小，甚至静音只看画面，这样就不那么害怕了。这是为什么呢？

正是因为缺乏了声音的渲染，让大脑感知减弱了。

所以在做短视频脚本时，有条件的话，一定要把音效因素考虑进去，把这点做好了，对于视频播放量和带货效果来说，可是很强的加分项。

这不仅仅是美食专用的小技巧，也是很多其他产品常用的小技巧。在抖音上搜"沉浸式"，你会发现一个前所未见的新大陆！不

妨试一下，绝对没有推荐错。

3. 嫁接场景

每一款食品几乎都有三四个很适合转化的场景。比如用短视频或直播来带一款食品时，能嫁接玩手游竞技、打电脑游戏的场景，膨化类、卤味类等休闲食品的转化数据就出人意料地好。懒人食品突出的就是食用携带双便利，放在时间紧迫的场景，比如早起赶着上班，夜间加班等，就容易提高转化率。需要注意的是，最好不要试图从场景上抢夺外卖在人们心目中的首选位置，因为懒人食品再方便，也不如叫个外卖来得方便。能刺激用户下单囤货，就已经非常棒了。

比如一位经营点心产品的客户，这样提炼他家的香煎糯米饼的卖点来做食品类短视频。

· 糯米饼油亮多汁，先从视觉感官上确保食品的新鲜程度。

·操作方便，每个饼中间都由油纸隔开，不用解冻就能拿出来烹饪。这是告知用户它不会发生黏糊在一起，难撕开的尴尬场面。

·最有趣的莫过于戳开松脆外皮时的咔嚓声、撕开糯米饼时的刺啦声，再加上嚼食时的吧唧吧唧声，轻易就能吸引用户的注意力。

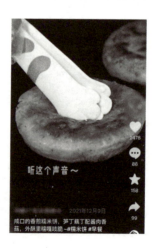

·做法多样的组合搭配,适合多个生活场景的嫁接,让用户在吃饭层面多一个不错的选项,也多了一个正向的购买理由,萌生"看起来不错,买来试试也无妨"的冲动。

文案如是说:糯米笋丁配酱肉香菇,可煎可蒸,做法多样,无论早饭、午饭、晚饭都能应付自如,怪不得全家人都爱吃。

六、色欲,即容颜、身体、颜值

诱惑观众触发内心冲动。

色欲是一种最有转化力的欲望,但也极容易擦枪走火触碰雷区。我们所讲的色欲冲动,是从颜值、视觉上撩起内心冲动,无论男女。

各大车展现场,往往更吸引人的是拥有傲人身材、姣好面容的车模;爆红一时的维多利亚的秘密内衣秀,红的不是内衣本身,而是各类名模明星;拥有上好颜值,确实能容易引爆流量,女的喜欢看帅哥,男的喜欢看美女,网上各种美男、美少女,多少也是利用这一点。

带货适用范围:服装配饰、美容护肤、美妆产品等需要容颜、身材来突出特色的产品。

操控方法:突出使用效果 + 制造美好梦境。

作为体验性非常强的产品,最能撩起色欲欲望的,莫过于给他看到模特穿上身后的效果,并且能让他萌生憧憬、向往!

比如有款洞洞裤，主打的卖点是面料耐皱、垂感好，收腰翘臀，遮盖身形的不足。假如只是拿着商品，反复讲它的面料、裁剪、手工有多好，却并没有演示裤子穿上身后的体验效果，那么转化可能性将会大打折扣！比如下面这位小姐姐，扎起马尾，提起运动杯，踏上滑板，还不忘给观众使个眼神，落落大方。无论男女，都会被这又美又飒的小姐姐给吸引住，如果自己恰好有需求，就会忍不住去留言咨询："身高165厘米，体重98斤，穿多大码""上海的春天能穿吗"。

这样通过人物演绎，给用户制造美好梦境，让用户看到使用后的良好效果，继而让用户产生憧憬，这正是促使用户下单的不二法门。类似还有：

身形改善产品——展现腹肌／马甲线／锁骨

雪地靴——展现修长大腿

口红——展现白皙肌肤

懒人眼影笔——展现闪闪眼神

头绳——展现可爱蓬松的丸子头

……

有效的带货短视频，首先就要千方百计激发消费者的欲望，令其产生购买冲动，否则都是空谈！

第三节　欲望激活公式：三步勾出用户心中欲念

不懂别人怎么想，怎么努力也白费！

每一个人恐惧的东西，往往都不尽相同，比如有人害怕恐怖片，有人怕饭局，有人怕肥胖……所以，我们在短视频作品中很难通过代入角色来还原这一份恐惧感。值得庆幸的是，欲望可以代入感知！因为同一类群体，他们的经济收入、开支消费、就业环境、生活状态、学历水平等标签都趋同，我们就可以根据这些共同标签来模拟代入，把欲望点给有效挖掘出来。

此前有位旅游项目客户，曾投放广告，画面中，某 4A 景区山色如画，湖水似墨，云雾时而萦绕，时而被风吹散，让人一看就入神。唯独有一个致命败笔，就是那句广告语"山有棱，心无界，畅享人生，就到××4A 景区"在视频作品中反复出现，让人不明所以。这句广告语就是典型的"甲方思维"。

不如我们站在上班族的角度想一想。上班工作已经很累,周末还要带孩子。那么周边有没有适合一家出游的距离不是太远、交通也很方便的景点呢?

好,我们以此来改造一下脚本文案:

我们在上海,发现了一个超美又不收门票的湿地公园,公园里有小火车、气球屋,还有很大的湖泊可以划小船。景区很大,足有20个足球场的面积,时不时飞起候鸟,还有白鹭、黑天鹅、鸳鸯、大雁等。景区内还有日系漫画风格的火车铁轨、指示牌,大片的草坪广场,到处都有座椅,走累时能坐下来休息,也可以自带帐篷露营野餐。带小朋友的话,还可以让小朋友坐小火车、划小船,也可以租自行车,一家人骑行,慢慢感受湿地的金秋美景。找个好天气,一起来遛娃吧。

对比一下,这样改动以后,是不是会让用户感觉到既能旅游放松又能照料孩子?是不是这样说更符合上班族周末休闲娱乐的务实需求?

如果你也是奔着带货赚钱的目标而来,就要学会科学、合理地激发目标用户的欲望,要学会换位思考,才能高度还原出用户的欲望念头。

其实，要想达到这样的效果并不难，经过训练，普通人也能轻松学会这门小技巧。

换位思考：进入别人的视角，如果我是他，会怎么想？

要做到从别人的视角出发，最为关键的一点就是，你得和别人站在同一个位置，建立共同的认知观点。用一个词来形容，就是"将心比心"。

虽然任何两个人的认知不可能是完全相同的，但你可以设法从他人的视角出发来看待问题，这样就能在这件事情上和他有重合部分的共同认知。如果你和用户在某个问题上的认知观点完全不一样，那么针对这个问题，就不大可能实现换位思考了。而认知，又往往是自身的经历所塑造的。

以下一则小故事，就很好地反映了这一点：

美国有一个边防缉私警官，每天晚上都看到一个人推着一辆驮着大捆麦秸的自行车，朝边防站走来。每当这时，警官都会命令那人卸下麦秸，解开绳子，并亲自用手拨开麦秸仔细检查。尽管警官一直期待能在麦秸里发现些什么，却从未找到任何可疑之物。

这天晚上，警官像往常一样仔细检查完麦秸，然后神色凝重地对那人说："听着，我知道你每天都通过这个关卡干着走私的活动。我年纪大了，明天就要退休了，今天是我最后一天上班，假如你跟我说出你走私的东西到底是何物，我向你保证绝不告诉任何人。"

那人听后半掩着嘴，对警官低语道："自行车。"

"啊？"警官愣了半晌才醒悟过来。

可见因自身的经历、经验、环境的不同，人们从不同的视角看问题，会形成各自不同的认知结果。

我们可用以下表格，快速梳理双方认知差异的产生原因。

产品／观点	我想的	他想的	为何观点不同	为何观点一致
这汉子是走私犯	警察：他一定在走私	汉子：我确实在走私，但这警察却查不出来	警察误以为走私物品必定是贵重物品	
苹果新款电脑轻了 100 克	我：没感到有多大变化	设计师：确实比上一代轻便	设计师经常带电脑出差，感知更细腻	
2021 款红豆沙唇釉又纯又欲	我：跟其他唇釉口红没区别	女朋友：冬季小心机妆容，正适合我	直男很少有机会接触化妆品	
折叠泡脚桶收纳方便节省空间	我：不就是一个水盆，还卖得贵	同事：太好了，刚好洗完脚可塞入台盆下	同事租住的是小房间，收纳空间小	
电影《火锅英雄》还原出了重庆特色	我：同意	对象：同意		都曾去过重庆，打卡过防空洞火锅店
这裙子收腰效果很好	我：认可	闺蜜：认可		两人身材体型相近

所以在创作带货短视频的时候，要想通过某种方法来挖掘目标用户的欲望，可以尝试以下手段。

如果你曾有过类似的经历体验，尝试调出这段经历体验的回忆片段。

人的经历体验会沉淀在脑海中，形成不会频繁出现的回忆片段，

只有当触发到某些对应的场景或者话语时，才得以浮现出来，以供调用。

以一款无痕双面胶贴为例。如果你曾贴过春联、汽车挡风玻璃的免检标签，那么当你看到"免清理"这个词语时，就可以从脑海中调取当初如何辛苦清理贴纸痕迹的回忆片段，用吹风机、手指甲抠，用毛巾搓等，画面如同电影般，马上活灵活现地出现你眼前。

如果没有类似的经历体验，就找机会亲临体验或请教有相关经验的人。

也有一种情况是，我们已经跟对方达成共识，但仍然无法完成换位思考。事实上，每个人都有自己的喜怒哀乐，习惯于不自觉关注自己——我的身体、我的观点、我的财产、我的情绪等。这是人的本能，要想克服它，就需要多找机会亲身体验，或者请教有相关体验经历的人员。

前些年，一个做卫生巾产品的客户找我，说要在一批高校的公众号上做一波宣传推广。一开始我们就很犯愁：这个品类虽是刚需，可是更多用户，尤其是年轻用户更倾向于常见的大品牌，比如苏菲之类的，这款卫生巾并不是什么大牌子，顶多就是资质比较好罢了。后来我们去了周边的院校踩点，几个老爷们儿硬着头皮悄悄做调研……下午在球场边上的小卖部做小结。

适逢学校还没开学，但也有很多学生在打篮球，有些小伙子满身大汗坐下来就喝水，顺带把自己的鞋子给脱了，一股浓浓的汗臭味充斥在我们周边。"这脚好臭！"然后我们不经意间把这一点记了下来。

在跟甲方开创意会的时候，我们无意中提到这个事情，大家联想到过去军训时学生担心脚因长时间运动起疱，就往鞋子里垫卫生巾的趣事，于是就把这个"军训＋汗脚＋脚底起疱"的痛点作为投放测试方案。

推广投放一波后发现，不仅女生要买，连很多年轻小伙子也悄悄买来自用。最后复盘时发现还赚了不少，客户笑逐颜开！

这就是懒惰欲望的经典案例之一。

金矿都藏在细节里，就看你有没有本事把它挖出来！

以此提炼出一套行之有效的欲望升级方法：

欲望念头	如果我是她，怎样想	我的产品怎样满足她	如何证明管用
每天能多睡半小时	·早饭简餐，甚至不吃早饭 ·放下手机，早睡半小时 ·提前准备好明天出行的物件 ·简单化淡妆，缩减化妆时长 ·换一份通勤距离近的工作 ·……	·免洗面膜：边睡边变美 ·预制煎饼粉：5分钟搞定一顿营养早餐 ·懒人眼线笔：两笔画出迷人眼妆 ·杂物收纳包：东西井井有条，出门不慌张 ·……	产品使用演示

小贴士：可培养换位思考的练习小技巧。

练习1：代入角色，经常自问"如果我是他，我会怎么样？"

这个办法就是把自己当作对方。当你看到一部电影、一个故事、一则广告视频时，你可以尝试把自己想象成里面的一个角色，想象

自己身处在这个场景、遭遇这类事情时，应该如何行动。我就经常设想我是某带货视频里的角色，重演视频里的动作和神态情绪，想象怎么做更能打动观众。

练习2：抽离角色，冷眼旁观自己"如果他是我，他会怎么样？"

练习角色代入是把他人当成自己，训练抽离角色则是把自己当成他人。假设你刚搬完家，累瘫在沙发上。你可以想象自己的灵魂从躯壳中抽离出来，在一米开外冷眼观察自己。你看见一个疲惫的人，眯着眼皮，手里还拿着手机，手指很无力地刷着抖音。这时他的疲惫、迷茫、无力，都会浮现在你眼前。

把自己当作他人来观察，是一种别开生面的有趣体验，大家可以尝试一下。

练习3：观察角色，细心留意他人行为喜好

这个小技巧很有意思，也很容易执行，那就是"在最短的时间内，观察身边某个人，猜测他喜欢什么"。

我们曾经被派往超市做调研，就是要观察每一个顾客在不同的货架前停留、观察、取商品，直到收银台付款，提袋子走出大门后，又会去旁边哪个商店。

为什么要这么干呢？其实就是为了观察顾客的完整购物行为过程里，有哪些细节可以深挖，以提高转化率。比如堆头海报的摆位、导引，顾客拿货物之前是否有细看货架标签等。

小 结

一、激活成交欲望：想要大卖必须瞄准的六种"多巴胺"欲念

欲望	适用范围	操控方法
妒忌：攀比	单价偏高、消费次数偏少的产品，以冲动消费为主	描绘差距细节＋营造高光心理
愤怒：厌恶	单价偏低、消费高频的产品，以冲动消费为主	激发愤慨共鸣＋对应解决方案
懒惰：怕麻烦	单价低的产品，以冲动消费为主	挑出懒惰刚需＋抛出诱饵＋演示证明
贪婪：占便宜	单价低、消费高频的产品	打破价格锚点＋追加额外福利
贪食：钟爱美食	可囤货的低单价食品、烹饪用具、厨房电器等	放大感官刺激（视觉、听感）＋嫁接场景
色欲：颜值诱惑	需要容颜、身材来突出特色的产品，比如服装配饰、美容护肤、美妆产品等	突出使用效果＋制造美好梦境

二、欲望卖点激活公式

欲望念头	如果我是他，怎样想	我的产品怎样满足他	如何证明管用

TIP

请你马上行动！

从身边找出一款产品，用六种欲望（妒忌、愤怒、懒惰、贪婪、贪食、色欲）中的一种，以其对应的操作方法，来对它进行欲望提炼改造。

转化画面篇

百万级视频内容的带货奥秘，在于抓住有效话语，重复变成秒懂画面，每一秒都在给观众洗脑！

第五招　嫁接场景：借力打力促成下单

第一节　内容太无趣？
软植入高频场景，撩动用户购买欲望

我们刷短视频时，经常会刷到一些很无趣的视频，这些视频大都有这样一个特点，那就是前3秒非常吊人胃口，比如开头通常是这样的文案："3句话让男人为我花了18万""奶茶届的天花板，真是绝了"，还有一些短视频会找一些非常有视觉冲击力的噱头片段放在开头3秒，就跟某些影视剧喜欢把精彩片段放在预告片里一样，成了"预告骗"，专门诱导人停留观看。但是，这些短视频往往是开头把人们的期望值拉得很高，后面的内容却枯燥乏味，要么是画面剪辑混乱，要么特别像电视购物节目的主持人的讲解，推销痕迹太重。这时用户往往就会直接滑过，点击视频内的购物车的机会就很渺茫了。

我们常说写作要"凤头猪肚豹尾"，创作带货短视频也是如此，凤头即开头要短小精悍，奇句夺目，引人入胜；猪肚即内容主体言

之有物，紧凑而有气势，充实饱满；豹尾即结尾要别出心裁，带有翻转，让人意犹未尽。

但因为短视频的阅读受时长所限，一般而言，能把开头和内容主体做到位，就已经非常不错了，不需要追求华丽的翻转结尾，毕竟不是拍电影、拍广告片。本节我们就来讲讲怎样让内容主体变得如"猪肚"一样饱满有气势，还能卖货！

有这样一个真实案例：

有一回，我跟一位开服装厂的朋友喝茶聊天，他提到一件趣事，有人上门要定制T恤。

"做T恤不是很常见嘛，能有多特别？"

"奇怪的是他们的要求很特殊啊。"

"有多特殊，说来听听！"

"他们要求在T恤胸口位置缝制个小口袋，中间镂空位置刚好就是手机屏幕的大小。另外还要求在胸口位置印上长着双角的小妖精造型。样品出来后，他们穿上样品，然后把播放着视频的手机往那口袋里一塞，原来手机上的画面是一双大眼睛，配合衣服上的图案造型，感觉一只小妖精的形象就活灵活现了，像在我们面前冒出来一样。

"我很好奇地问他们这是准备做什么的，他们就说是在夜场酒吧里穿的，刚开始做这款新品，半个月来每天都能出货一两百单了。"

我去抖音一搜，还真有这东西，在昏暗嘈杂的酒吧环境里，这小妖精灵动的眼睛不断放电，确实又潮又酷。我又翻了翻购物车链接，单价 198 元，销量有 3000 多单，看来买的人还真不少……

令人惊奇的是，原本淘宝、拼多多上卖 9.9 包邮的 T 恤，怎么转眼就成了价格 198 元还被抢着买的香饽饽了？

其实在购买行为中，消费者的动机和理由缺一不可，动机往往都是冲动的，而理由则是让冲动合理化。如果能把产品的消费场景，告知对应的精准用户，那将是更加引人冲动消费的购买理由，就像给他打了兴奋剂，购买的欲望非常强烈。

而以这潮酷 T 恤为例，如果在街边摆摊或者电商店铺上架销售，照理说很难卖得动，但为什么换在短视频上就能卖起来？因为短视频的影音互动效果，能把它的消费场景——酒吧夜场中用户的炫耀需求，表现得淋漓尽致。他们只要刷到这个视频，难免就会心痒痒，一旦想买，谁都劝不住。

这就是场景嫁接所带来的强大销售力。

第二节　构建高转化场景：
用好这四大机会点，创作不再难

场景，即是消费者的生活场景，我们任何人在某个时间段所处

的环境，都可以称为场景。场景的产生离不开六大要素，可以概括
为以下表格：

六大要素	具体内容
人物——谁	性别、年龄、职业、爱好、习惯、经历、当下的需求等
时间——在什么时候	年份、季节、日期、节假日、早中晚等
地点——在什么地方	地理位置、国家、省份、城市、街区、楼宇等
环境——在什么环境中	空间信息环境（图像、声音、触摸、气味等）、社交群体关系等
行动——做了什么	有目的或没目的地进行购物、饮食、交流、体验等
结果——最后产生了怎样的结果	停留、离去、消费、分享等

我们用六大要素将前文的小妖精 T 恤进行一句话场景描述：

26 岁的方小梦（人物），喜好热闹。她任职程序员，平日最喜欢周六下班后，跟闺蜜到公司附近的迪斯科（地点）小酌一场，跳跳热舞，听听现场 DJ 演唱。

有天晚上（时间），她们突然发现舞池里有位小姐姐，身穿的 T 恤上的小妖精不断眨眼，在昏暗的环境里，配合小姐姐的舞姿，真是又酷又飒（环境）。

于是她们前去找小姐姐打听这件 T 恤，询问在哪里买的。小姐姐笑着加了微信，给她们发来一个购物链接（行动）。

方小梦和闺蜜当即就下单购买了，并且跟小姐姐约了下次三人穿着这款迷人小妖精 T 恤一齐跳舞（结果）。

以上这就是场景的基本构成，大部分电商营销活动都是围绕场景的六大要素来展开的，比如拼多多的免单砍价分享，春晚的微信抢红包、滴滴出行，等等。

嫁接跟目标用户相关的高频场景，能带来什么不一样的销售力呢？

有这样一个真实案例：

有一位经营生态农业项目的客户，坐落在山西某山区的有机农场里，开设了很有特色的亲子主题餐厅。每逢周末和节假日，都会有不少家长带着孩子开车到这里享受农家乐亲子游。他们不仅可以在地里现场采摘新鲜果蔬，还可以拿到餐厅让后厨加工，品尝非常有特色的有机农家菜。走的时候，他们还能把有机果蔬带回家。所以，这家餐厅的生意一直都很红火。

有人看到有机蔬菜的潜在需求后，也动起了心思：我专门主打有机，城里人肯定喜欢，毕竟大家总是要吃饭的，亏不了。

于是就在城里开了一家几乎一模一样的有机素食餐厅，同时也在现场售卖有机果蔬和食材。他想着，特地选址定在城里，跟消费者的距离更近了，生意应该更加红火，自己等着数钱就对了。可惜现实很骨感，实际经营起来一塌糊涂，入不敷出，苦苦支撑3个月就关门大吉了。

为什么同样是经营有机餐厅，甚至门店选址更有利，方便购买，却没有带来预期的收益呢？

从场景六要素来分析，我们可以清楚地看到，产品还是那个产品，消费群体也没改变。后者在城里开设的餐厅，把场景里的"行动"需求搞错了，其实家长们根本不是冲着绿色有机蔬菜来消费的，而是因为能在周末、节假日跟孩子共度亲子时光！上午一家人参观有机农场，家长带着孩子亲身体验下地采摘的乐趣。中午在农场里，品尝特色农家菜，返程时再顺便捎带点自己摘的新鲜蔬菜回家，整个场景和流程，顺理成章，合情合理。

因为六要素之一的"行动"变了，导致整个销售场景也随之变化，最终两者的结局就截然不同。

当然，从带货短视频的角度出发，我们也不大可能把场景六要素都统统考虑齐全，否则就容易变成流水账，激发不起用户的兴趣。所以我们经过长时间的实践演练，将短视频带货的高转化场景归纳为四大机会点：

一、地点（在哪里）

这是最容易理解的，也就是我们所身处的场所，比如办公室、家、公交车、地铁、商场、野外等。不同的场所，每个人的需求都可能不一样，同时也会触发许多不同的新需求。

案例1：会唱歌跳舞的生日蛋糕

对很多人来说，它就是可品尝的美味点心，但是换在生日会上插上蜡烛，它摇身一变，就变成了多人参与贺生的生日蛋糕。

知名烘焙品牌"熊猫不走"就在这特殊场所里发掘出新的有趣玩法，那就是工作人员套上熊猫公仔服装，上门送生日蛋糕。除了配齐皇冠、假发等庆生道具外，还会在现场献舞，众人拍掌欢呼，让整个生日会的气氛燃爆。

这时，蛋糕已经从最基本的产品被地点场所赋予了新的价值功用，由此催生了人们对生日蛋糕的一个新的购买需求——过往的生日会活动都是千篇一律的吹蜡烛、许愿、切蛋糕，一点都不好玩，我想让它更加热闹，给大家带来更多欢乐。

案例2：一次性防雾擦纸巾

它的用途就是在擦玻璃、镜子后，能保持3天不起雾，如果只是演示让玻璃不起雾，那对于转化率来说，购买理由显然不够充分，所以创作者就巧妙地植入了不同场所的使用效果。

地点场所	产品描述
1.汽车驾驶	车窗、后视镜，秋冬天一下雨或起潮就容易被雾气遮盖视线，尤其是下雨和光线不好的情况下，更容易影响行车驾驶安全
2.电瓶车驾驶	骑电瓶车的过程中，眼镜、头盔面罩经常会被自己呼出的雾气所沾染，你的视野都是一片灰蒙，不得不放慢车速，甚至要停下来清洁镜面雾气。而且，在交通拥挤的道路上，还频繁被后车按喇叭催促
3.必须戴口罩的场所	多年疫情的大环境下，已经培养出公共场所必须佩戴口罩的良好习惯，很多城市的地铁、公交车等封闭环境场所更是强制要求戴口罩。这时候戴眼镜的人就会很烦恼，因为戴口罩无可避免地让眼镜片起雾，非常影响工作生活
4.家里卫浴间	卫浴间最容易起雾的莫过于洗手台上的镜子了，每次洗完澡都会被雾气遮得严严实实，尤其是秋冬季更是严重，梳洗卸妆都不方便

解决方案：

用它擦一擦前窗玻璃后，再往上面喷蒸汽，你会惊喜地发现凡是擦过的区域都没有起雾，没擦过的已经雾蒙蒙的了。

原本一个简单的防起雾功能，在不同的特定场所地点，催生出用户不同的消费渴望。我们把它归纳入一个表格，你也可以试着列举出它的更多应用场所：

应用场所1：汽车	应用场所2：地铁	应用场所3：公交车
应用场所4：办公室	产品：一次性防雾擦纸巾	应用场所5：教室
应用场所6：电影院	应用场所7：卫浴间	应用场所8：电视机

案例3：弹射小飞机玩具

这款商品短短几天通过几个短视频就爆单了，就是以"你有多久没给孩子买玩具了？"为主题，穿插了可能涉及的不同地点场所，以此来刺激用户的购买使用欲望。只要多加留意，其实还是可以开发出很多带货场景的。

应用场所1：草地	应用场所2：花园	应用场所3：广场
应用场所4：河边	产品：弹射小飞机玩具	应用场所5：学校
应用场所6：马路	应用场所7：家里	应用场所8：商场

二、时间（什么时候）

这里所提的时间，不是具体到几点几分，而是指有代表性的时间段。比如上下班高峰期、工作日、早上起床、晚上睡前、节假日、情侣约会等，很多商家都是瞄准时间段来打广告做生意，屡试不爽。

曾有人问：同一个地点，如果时间段不同，那是否变成不同的场景？

答案是，对的！

案例：某在线买菜 App

这一款在线买菜 App，最喜欢在下班高峰期，针对办公室区域和坐地铁的人群进行广告轰炸。因为经过测试，发现其他时间段的广告效果非常差，也只有下班晚高峰的时候，数据特别好。

细想一下，大家上班的时候，想的都是工作、报表、PPT、KPI、开会等，累得甚至能让人直呼"上班如上坟"。终于下班解脱了，到属于自己的时间，可以想想晚上该吃点什么了，是轻体餐，还是清蒸鲈鱼，或者是爆炒辣蟹。

同理，如果你想做食品的带货短视频，那该怎样做付费投流呢？

答案是，挑下班晚高峰和办公区域投放，往往比投社区更容易出效果。

还有很多产品都是根据特定时间段来设计的，比如抖音上一直卖得火爆的预制类食品，就是特意针对早晨时间段，大多数上班族不想太费事，将就一下就好的懒人心态。比如：

煎饼粉：5 分钟做好一顿营养早餐，一袋就是一块热煎饼。

亚麻籽藕粉：一冲一泡一搅拌，就是营养早饭。

曾有一个做厚窗帘的客户，针对住宅噪声开发出一款密封型隔音窗帘，专门针对靠近高架桥、飞机场等容易被夜间噪声影响作息的人群。窗帘一拉，噪声测试仪显示的分贝指数有明显下降，这些年悄悄通过短视频带货，确实也卖得不错。

类似的还有：

自动感应踢脚灯	白天不亮，晚上人来才亮
轮胎清理钩	清除轮胎里的小石子，降低爆胎危险
春联不干胶贴	贴后牢固，明年再贴时清理方便

三、情景（谁干什么）

这是指需求的主体是哪类人，他在干什么事情。

不同的人，各自的场景肯定也会有所不同。这里的人，不是指个体，而是一堆身份标签汇聚堆砌而成的用户画像，包括性别、年龄、背景、身份、经历、身体状况等标签。在创作之前，我们一定要琢磨：产品到底要卖给谁，作品是给谁看的，谁更容易冲动买单。

然后研究这类人在干什么。如何理解呢？我们可以把自己一天24小时的生活轨迹描绘出来，就可以知道如何找关于"人"的场景。

7:00—8:30	醒来起床刷牙梳洗、做早饭、喂猫
8:30—9:30	出门扔垃圾、乘坐地铁、到公司打卡
9:30—11:30	开会、处理报表、汇报工作、联系客户
11:30—13:00	吃午饭、玩手游、睡午觉、刷抖音
13:00—19:30	接待客户、处理业务、面试人员
19:30—21:00	吃晚饭、约会
21:00—22:00	打网约车回家
22:00—24:00（可能半夜一两点才入睡）	到家梳洗、躺沙发上刷手机、玩手游、追剧、刷拼多多、撸猫

而你的产品和作品，就要如同侦察兵一样，考虑如何介入这类人的生活轨迹当中。不要嫌琐碎麻烦，细节除了是魔鬼，还是大金矿！

案例 1：自动收口的手提式垃圾袋

这款垃圾袋在抖音一个月就卖出了 10 万单，销售额超过 300 万。它是这样针对日常生活轨迹来设计场景的：

当你收拾完厨房，提着两大袋垃圾，要出门走好几百米才能到达垃圾回收点，一是费劲麻烦，二是特别怕袋子破漏，尤其是半路上袋子破掉，垃圾掉满地，碎屑还随风飘起来，真是想死的心都有。

于是就针对这个生活细节的问题，再进行脚本创作，如下：

场景：家庭日常生活轨迹		内容大纲：与普通垃圾袋相比的同时展示使用效果		
序号	画面内容	解说旁白 / 字幕	时间(秒)	备注
1	桌面上很多卷垃圾袋	我囤了这么多垃圾袋	1.5	
2	两人拉扯垃圾袋	隆重给你们介绍这一款	1.5	
3	两卷对比	数量比普通的多不说	1.5	
4	两卷对比	还特别结实	1	
5	垃圾袋装 20 斤水	装个 20 斤的垃圾都没问题	1.5	
6	往垃圾袋里倒汤汤水水	更别说厨房的汤汤水水啦	1.5	
7	检查塑料袋底	完全不用担心漏出来	1.5	
8	提手功能	而且它还自带提手	1	
9	扔垃圾	不用担心扔垃圾弄脏手	1.5	
10	多展示几卷	这种大消耗品啊	1	
11	多卷垃圾袋展示	趁现在活动咱就赶紧囤	1.5	

案例 2：手机支架：支架选得好，脊椎不怕老

在此之前，请问你睡前有哪些动作？

可能大部分人的答案是，睡前刷一刷手机，这几乎已经是很多人固定的睡前动作了。这时，躺着刷背部难受，侧着身刷容易腰酸，时不时就发困，手机从手里掉下来，要么砸到脸蛋，把自己惊醒；要么掉到地上，把屏幕磕破，让自己心痛。

所以这种床头手机支架就应运而生了。

这样紧夹固定在床头上，0.8米长的可扭转支架手臂，把手机放入夹子中紧紧夹住。无论自己是躺着、侧着，还是坐着，都可以随时调整手机位置，舒舒服服地追剧。

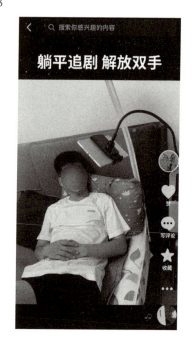

如果想刷抖音、看小说怎么办？那就再用商家附送的蓝牙控制器，不用把手暴露在寒冷的空气中受冻，这么按一下，就能愉快地刷抖音了，手一点都不累。还有什么能比这个更过瘾的吗？

尝试记录下自己或他人的一天 24 小时生活轨迹，结合商品为带货短视频服务。

四、情绪（在想什么）

用户在不同的场景里，往往会被触发不同的情绪。所以要搞清楚这个特定场景中，用户最容易被触发的情绪是什么。找准了，才能有的放矢。

前面我们所讲的第三招"解决痛苦"和第四招"激发欲望"本质上也是调动用户的情绪，引发他们的冲动，继而实现带货。

案例 1：免洗擦鞋巾

就算同一段地铁路线，在不同时段，乘客的心情也绝对不一样。比如广州著名的地铁三号线，上下班高峰期，车厢里挤得像满满的沙丁鱼，我曾连续三四趟车都没挤上去，就算挤上去了，也是被架得双脚悬空，导致频频迟到，被扣了不少钱。试问一下，这个时间段的乘客们，都像前线打仗似的，哪有什么心思想其他的？

请问有什么产品可以借助他们的情绪波动，来实现带货？

比如车厢太挤了，心爱的小白鞋都被踩上脏兮兮的鞋印，原本ins（Instagram，照片墙）风变成难民风，必定被同事笑话。

而这款擦鞋湿巾，一包 80 抽，不用水也能擦得干净，自带清洁液比用鞋刷方便多了，还不伤手。手提袋里放一包，公司抽屉放一包，再也不怕小白鞋变成小黑鞋，让人笑话了。

这样通过引入人们在车厢里挤来挤去、踩脏爱鞋的尴尬情绪，是否会让你有身临其境的感觉?

案例 2:益智解压的挑战类商品

有一些解压小玩具,在抖音上用短视频卖得很红火。这些玩具主要是为了帮助使用者打发时间,消除无聊感,当然也有一些挑战烧脑的益智设计。此类商品相信你们也一定刷到过,而且可能会反复看五六次,因为太解压了!

比如这款解密玩具钥匙锁,它的玩法就是将两把钥匙解开,但非常考验观察能力和逆向思维能力,就像个迷你迷宫一样,如果不得其法的话,一步错步步错,生拉硬扯都没办法将其解开。这样就很容易激发用户的好奇心,让其一遍又一遍地去看这个视频,直到

认为自己能解开，实际上，这时大多数人已经被吸引住了，很容易点击购物车链接下单。

再比如这款日历，每周有一个数独游戏挑战，如果自己闲得没事干，就可以拿起笔来解解题。

类似的解压商品还有很多，不仅是玩具，还有盲盒，就算是一本虎年日历，加入一些烧脑设计、趣味话语，也可以惊喜连连。

以情绪来带动销售，不讲究什么逻辑，但求能突出"爽感"——看得爽，心里爽，玩得爽。如果不爽，那就将其做到让人爽为止。

嫁接场景的四大机会点——地点、时间、情景、情绪，不一定是四者都有才行，既可以单独应用，也可以灵活组合，但前提一定是能快速简洁地解释清楚，逻辑清晰，并且它的核心卖点要能解决目标用户的需求。怎样判断自己挑选的嫁接场景是否合格呢？请看下去……

第三节　场景带货力评估法：
三步算出植入场景的带货力，让你的短视频更带货

这里有个关键问题，容易让想做短视频带货的新人产生困惑，那就是：如何论证场景需求的真伪？

有时我们片面地认为某商品很棒，用户肯定需要这样的东西，但实际上他们并不需要，结果只是我们在"自嗨"。比如我曾经操盘过一个解酒片的产品，本想打着解酒护肝、解毒下火的功效宣传。中国有上亿酒民，有各式各样的酒，但解酒护肝的产品除了海王金樽等保健品外，几乎没有特别好的产品，只要好好策划一款解酒的产品一定能热卖。这时我们认为，护肝养生是可以重点开发的高转化场景机会点，可惜连推了几个月，销量一直上不去，惨淡到让我

们想放弃这款产品。

恰好到年底春节前，销量突然有好转的迹象，我们又激动又疑惑，跟购买客户做沟通调研，才发现一个非常惊讶的情况：他们公司每逢年底都会开年会、庆功宴，全国各地的业务老总和负责人都会来总部述职，然后就是大大小小的应酬，尤其是喝酒，喝倒一个，另一个就要顶上，不能喝也要端着红酒去敬酒。

我们恍然大悟，原来是因为职场酒文化，大家才会不断采购解酒药来救场，这才是当下的真需求呀。所以，我们将宣传重点从护肝养生转移到解酒提神上，果然，在年货采购的节点，这款产品就卖爆了，半个月卖出十几万单。

有趣的是，过年后销售数据立刻断崖式下跌，原因我们也想得很清楚：春节的应酬饭局多，大家对解酒的需求旺盛；过完年就不需要这么拼命应酬了，需求自然下滑厉害。

所以真需求和伪需求的区别，在于目标用户在当下场景中，是不是非常迫切需要这款产品，否则即使产品再漂亮、再黑科技，也令人提不起多大兴趣。

真伪需求的转变，受制于高转化场景的四大机会点（地点、时间、情景、情绪），是机动灵活的，而非一成不变。

如何判断某个场景带货力的强弱？

最高效、最省钱，也最不容易掉坑的办法，就是事先做场景化假设，然后再去做完整的用户调研！

我们会把身边的相关用户聚集到一个群里，然后依照以下三个问题来发问：

一、有需求：需求是否迫切

需求场景，指的就是一个人因为某事某物非常不爽，迫切想解决这个问题。

比如我们想把一款能快速剪出蓬松刘海的理发牙剪推销给年轻女孩，我们不会开口就问她需不需要这个产品，而是会问她：你是否会因为头发太长难打理而烦恼，比如洗头后难吹干、天气干燥就容易分叉、天气热容易捂汗、去做一次头发护理动辄要干坐五六个小时，花费好几千大元……如果她有这些需求，并迫切想解决这些问题，那么这些假设就可以成立。反之，如果她不感兴趣的话，那就得重新设计需求。

二、能解决：需求场景是否能解决

要问她是否想让头发修剪变得舒服一些，容易一些，甚至不用时常在美发美容店里花费大量的时间和金钱，坐在凳子上枯坐七八个小时，让美发总监托尼从中午折腾到深夜下班……

也就是说，面对这些困惑问题，要看她到底愿不愿意解决。不要理所当然地认为客户想去解决，实际上客户很多时候并不怎么关注也不想解决，这种尴尬局面时常发生。

在试图引导出客户关于真实需求的答案的同时，还必须要记录对方对产品/解决方案的质疑和异议。比如，这剪发牙剪真有这么神奇？自己在家也能剪好刘海？万一剪坏了，还有什么脸面出门？

记住了，异议和质疑都是绝佳的转化机会点。只要你的产品/解决方案确实能解决异议，并且有真凭实据、通过实际演示，那就更容易勾引出客户内心的冲动。

三、值得买：解决方案是否值得买单

你的产品/解决方案是否值得客户掏钱买单呢？

这时候千万不要像介绍产品说明书一样，把产品的功能、材质、技术等讲一大通，否则就算是顾客开始对产品产生了兴趣的苗头，也会被轻易掐灭。

教你一个最通用有效的秘诀：多讲结果！多做对比！

比方说，把额头长发卷成长条，用这理发牙剪这样间隔剪10下，然后用梳子轻轻一拉一扯，再稍微打理一下，一个蓬松的迷人刘海就出现在眼前了，而且不比去美发店花上千元的效果差多少。

重点就是体验前后的对比。如果产生的结果不能把女孩子们的胃口吊起来，让其有想下单的冲动，前面问得再多都可能是白费功夫，需要马上推翻重来。

小　结

一、快速营造高转化场景的四大机会点

1.地点（在哪里）

2.时间（什么时候）

3.情景（谁干什么）

4.情绪（在想什么）

二、场景带货力评估法

1.有需求：需求是否迫切

2.能解决：需求场景是否能解决

3.值得买：解决方案是否值得买单

TIP

请你马上行动！

多想不如多做，让我们每天精进一点点。

挑选你眼前的一件产品，然后用高转化场景中的四大机会点（地点、时间、情景、情绪），简单设计出一个有效、合理的销售场景！

第六招　讲好人话：让用户秒懂才好卖货

第一节　完播率和转化率提不上去？
你要说人话，让用户秒懂

在娱乐易火的环境下，为了迎合用户的兴趣，整个内容创作圈可谓百家争鸣，万花齐放，剧情翻转流、歌舞表演、街头演技等层出不穷，为博君一笑，可谓尽心竭力。

可这样起来的号，变现的难度很高，不是普通商家可以模仿的。就算是粉丝过百万的大号，也常有因变现收入不佳就断了更新，解散团队的现象。但他们的粉丝会留恋这些曾经的大号吗？很明显不会，他们会继续寻找下一个能给他们带来新鲜感、爽快感的内容。

我们接触过很多短视频领域的牛人，他们对如何活下去的答案趋向一致：要想变现就不要怕丢脸！想内容能带货，也没啥花招，但首先要让目标用户秒懂，而方法就是多讲结果！

第二节　讲人话判断法：
杜绝自嗨式创作的三个要点

如果你细心留意那些产品大卖的热门短视频，往往会发现这些短视频的画面感、节奏感极为强烈，如同身临其境，甚至能让你随着配乐抖动起来，不知不觉让你的手指按下购买链接，稀里糊涂地就完成付款，好像被催眠了一样。

其实回头一想，它们的秘诀并不复杂，就是多讲能通过视觉呈现出来的结果，尤其是用户使用产品的体验细节，通过视觉化的语言在很短的时间内充分表达演绎，让你不自觉沉迷其中，不停脑补画面："如果我用了它，会是怎样的？"随着好奇心越来越膨胀，不信任感被抵消掉，终于忍不住下单了。

如果你的短视频想要实现这样的效果，必须要掌握三个基本要点：

一、一听就懂：共鸣感

即通过刺激用户熟悉的认知印象，引发目标人群的共鸣。这就要求你的短视频里所涉及的内容、概念、方法、技巧等，无须进行二次思考或解释，用户也能马上领会到个中意思。这跟用户的标签、经历、认知、习惯有很重要的关联。

比如粤语里的"得闲饮茶啦（有空一起喝茶啦）"，在粤语语境里面，它只是一句极为普通的日常寒暄，等同于"你吃了没"这样的客套话，并不一定是真的要邀请你喝茶。

比如有一款保温壶，如是说："冬天已经到了，你们家还没安排这个保温水壶吗？高颜值的设计，让我一眼就相中了它，内胆的玻璃设计，让它的保温时间更长。像这样的密封壶口设计，里面的水即使放上两三天也还是热乎的。冬天了，家里备上这样一个保温壶，一定会更幸福的，赶紧安排吧。"

如果你刷到这条视频，你会怎样想呢？

我们也对此做过小范围调研，大部分人表示很蒙，且不说颜值设计是否对胃口，如果家里有这个保温壶，日子就会更幸福了，哪里来的结论？

像这种需要二次乃至多次思考的，就不符合"一听就懂"的标准。如果改成"你知道冬天手脚容易冰凉的人，一定要多喝暖开水，这个保温壶很特别，即使放上三四天，倒出来的水可能还会烫嘴，你喝时要小心点了！"这样的话，用户是不是一听就懂了？

所以，是否符合"一听就懂"的标准，其实就在于有没有遵循用户在"生活习惯、常识认知、过往经历"等方面的固有认知。

二、一看就会：画面感

即把用户想看到的细节表达出来。这句话的意思是说产品功能的演示过程要简洁易懂，对大部分人来说都不复杂，一看就明白是怎么回事，只要照着做就行了。

这时候对内容呈现形式的要求反而不高，不强制要求必须有露

脸、旁白、音乐等元素，只需要把一个产品的特点清晰演示出来即可。

比如一款仿真皮的加绒丝袜裤，为了说明穿上它后确实有真人皮肤的肤质感，并且不显腿粗，商家特意让模特的左腿穿着丝袜裤，右腿则光着，让用户发现左右两腿的视觉差异并不大，同时为了表达里层加绒更保暖，直接翻上一截丝袜裤，展露出一层密密的细绒。整个视频，只有快节奏的人物动作和音乐，却没有一句对白文案，可是一样不影响它的转化率，因为一切尽在画面当中了。

当然，也有很多创作者喜欢把包袱放在最后才抖出来给观众。这些很厉害的创作者，可以把广告前半部分的内容渲染得让观众感同身受，痛哭流涕，根本挪不开眼睛，但是最后却来个神转折，原来前面的铺垫都是题外话，放在结尾的广告链接才是其真实目的。但是，这类视频一定要注意是否会引起用户反感。

比如曾有一则广告视频，讲述一位女性遭遇家暴，到处奔波求公道说法，却遭到挫折和冷遇，结尾却是一则理财课程的购买链接。原来作品的主题是"女人一定要学会管好家里的财政，才不容易遭受不公平待遇"。

虽然视频的逻辑没有多大差错，却引发了不少人的反感：难道遭遇家暴，是因为这位女性手上没钱，没管好财政大权吗？很明显不是的！把家暴发生的根本原因，直接归咎于不擅长理财，是不得人心的。所以，这则广告虽然因为争议带来了极大曝光量，但带来的销售数据却不佳，还惹来非议，最终以商家道歉退款而告终。

所以，如果你对剧情逻辑把控并不在行，想卖货还是老老实实地直接挑明自己的目的，不要去制造一些表面看起来很吸引人的神转折，否则很容易因为圆不过来而遭用户非议。如果影响到自己的店铺评分或者口碑分，更得不偿失！

另一个重要因素就是，短短几十秒的带货短视频，也没太多空间让你发挥。能把产品特点演绎清楚，让有需求的用户一看就领会，已经非常不错了。所以，在演示产品时不妨采用简单直接的视频画面，让用户一看就懂。比如：

让想吃橙子的用户看到橙子汁水丰盛，果肉有光泽；

让想穿保暖丝袜裤的用户，看到夹层有加绒；

让想运动减肥的用户，看到使用产品后能流汗。

用户想看到的，你都能清楚表达出来，就已经达到及格线了。

三、一做就对：成就感

即让用户产生满足情绪，让目标用户体验产品后得到的结果，跟他的心理预期很接近，让他觉得，如果自己照着来做，结果也会八九不离十，没多大差错。

比如一款清洁泡沫喷剂，可以快速清理顽固锈迹、油污。即使家中抽油烟机上积累的陈年油垢很厚，用它喷一喷，也能很快清理掉。视频中，油垢表面迅速刺刺冒起细泡，转眼间细泡就膨胀布满机体，乌黑油污溶解于泡沫中，不断往下掉。这时再拿百洁布一擦，原本肮脏不堪的油烟机瞬间展现出崭新干净的表面，跟没有喷清洁剂的

另一边形成鲜明的对比。

这样经过多个熟悉的生活场景的嫁接植入，你就会很容易把自己代入进去，想象自己在类似场景当中，用相同的操作手法获得跟短视频里相似的效果。

你觉得这样的演示过程，有很强的逻辑性吗？

其实并没有，只是人类天生习惯于"耳听为虚，眼见为实"，能亲眼见证，方能快速消除疑虑，建立信任度。所以，在考虑产品卖点展现的时候，要尽可能挑选能用视觉画面呈现的卖点为重点突出项，从而收获不俗的效果。

以上三个基本要点，正是构成让用户秒懂画面的关键。不需要太强调逻辑性，因为我们不是在写辩论文、做纪录片，也不要太零散随意，因为我们要让用户信任。

为了卖货，我们要重点聚焦于摸透目标用户到底爱看什么，进而"投其所好"，让他们不必费脑子想如何选择，而是不假思索地冲动下单！

第三节　大白话翻译法：
快速改出秒懂式内容的两个小白级窍门

其实，能让用户秒懂又很带货的短视频，往往掌握住了用户的阅读"嗨点"。回忆一下那些能让你心动的带货短视频，是不是都有这样的特点？它们能让用户秒懂，里面的每一句话、每一个画面都能让用户产生共鸣。

我们用一个经典的故事来说明一下。

一个年轻的销售员，有一天只成交了一单，却卖出了30万美元的货物，让老板很是惊讶，连问怎么回事。

年轻人就说，有个男士进来买东西，我先卖给他一个小号的鱼钩，然后是中号的鱼钩，最后是大号的鱼钩。接着，我卖给他小号的鱼线，中号的鱼线，最后是大号的鱼线。

我问他上哪儿钓鱼，他说海边。我建议他买条船，所以我带他到卖船的专柜，卖给他一艘带有发动机的游艇。

然后他说他的小轿车可能拖不动这条船，于是我带他去汽车销售区，卖给他一辆丰田巡洋舰汽车。

而这个故事开头，那位男士只是打算来给妻子买卫生巾的，只因为年轻销售员告诉他"你的周末算是毁了，干吗不去钓鱼呢？"就开启了上面的故事。

故事虽然有点夸张，但是如果能像金庸小说《鹿鼎记》的韦小宝一样，抓住对方的一种欲望，让他开心起来，就能做到"千穿万穿，马屁不穿"，何愁没生意。

我们来看看如何科学地拍准用户的"马屁"，让他们嗨起来？

如果你也想快速写出让用户秒懂的"拍马屁型"带货短视频脚本，那这个小白级入门技巧一定不能错过。

简单的产品往复杂说，复杂的产品往简单说。

约瑟夫·休格曼在《文案训练手册》中提及了推荐产品卖点的技巧——复杂的产品要简单说明，简单的产品要复杂说明。但在带货短视频方面，我们不仅需要把产品卖点讲好，还要把握节奏感和价值感做起来，也就是要做到"短平快精"。视频节奏如果太拖沓，往往带不起来货。拍视频之前，要先考虑好这个脚本怎样写才能顺畅演绎。

一、把简单的产品往复杂说

如果你所卖的产品是一款非常普通常见、用户对它也相当熟悉的商品，比如煎饼粉、洗衣刷子、晾衣架、花盆、牙刷，等等，而你又想通过短视频的形式去种草带货，那怎么办呢？

那就是反其道而行，用更具体化、更复杂的文案措辞来表达，营造出更加强烈的价值感，要能把 9.9 元的商品描绘出 100 元的价值感来。这样的带货短视频脚本，侧重于如何从产品的功能属性、卖点当中提炼出令人眼前一亮的嗨点，甚至要"无中生有"地引导、诱发出新需求，来打造爆卖点。

我们在前面第二招的"爆卖点分级"中，曾提到如何通过穷举大量卖点，再从中提炼爆卖点。如下表：

层级	项目	筛选标准	举例	重要程度	组合形式
A级	主核心爆点	主核心痛点：针对用户问题的解决方案	颜值外观使用方便应用场景	★★★★★	固定提1~2点
B级	差异化爆点	主要差异点：针对竞品而言的独特差异之处	材料材质技术工艺原产地	★★★☆	自由选择1~3点
C级	信任感爆点	主要背书点：帮助产品获取用户信任	试验证明权威背书明星代言累积销量	★★☆	自由选择1~2点

现在我们更进一步，让其成为可以执行落地的讲人话脚本。

第一步：产品细节。从产品说明书中提炼闪光嗨点。

如果选取的商品是用户非常熟悉、常见的事物，那么我们需要换个新角度来阐述，才有可能打破大家对它的固有认知。

而筛选商品的细节点，必须是小而精悍的，最忌大而全。比如要售卖一款辣椒酱，你不能跟用户介绍你的商业模式、人货场、创业发家史等信息，因为这些太虚了，而且跟用户没有关系，用户既听不懂，也懒得听。倒不如尝试把姿态放下来，坐下来跟他聊天，问他为什么要选择这款辣椒酱。其实只需将生产的细节跟用户的利益（体验场景、美好感觉）相关联，就可以取得不错的成效。

属性卖点	竞争对手	我方
味道感受	麻辣到冒烟	辣中带鲜香，不是猛烈持久的麻，而是柔和能下喉的麻，因为采用的是云南青藤椒，这种辣椒喝着抚仙湖的净水，吸收着纯净阳光，带有云南妹子的热情与温婉
原料大小	采用的辣椒颜色鲜艳，个大肉厚	因为地处自然保护区，从来不施化肥，只能堆农家绿肥，个头小但更清香
好吃程度	层次丰富，唇齿留香	有湖南妹子如此形容这种辣酱，"用它拌饭，根本不需要菜，就可以吃掉三碗米饭"

第二步：生产过程。

当我们找到一个切入点后，就可以尝试将这个原本很简单的产品细节，用语言文字把它给具体化、复杂化出来。

最常用的办法就是从生产制作过程当中提炼，包括制造之前，涉及如何研发、谁做背书等；制作过程中，用了什么工艺、有什么传承、用了什么材料等；制作之后，成品怎样包装、如何运输仓储、如何评级品质等。比如我们提炼这辣椒酱的味道是鲜香辣不呛喉，那么我们就要以这个为切入点，把这个简单的细节点用语言、文字、图像给具体化出来。

原来它跟一般辣椒酱不同的地方在于，它是用蒸笼蒸煮三轮而成的，而非用热油浇淋制法，这样就避免了传统辣椒酱过于油腻导致烧喉的情况。

那如何表达这个细节点呢？很简单，就是一段2~4秒的片段，老师傅把藤椒剁碎后，放入蒸笼；蒸足三次，拿出来做酱。下一段则是，成品跟普通红辣椒酱的对比图。如果还是觉得不够，那可以翻翻李子柒的视频，多模仿借鉴，就容易找到感觉了。

过程描述越精准到位，越显得真实，就能给用户带来"这产品可信任，应该不是忽悠骗人"的感觉。

第三步：数字描述。

如何让你筛选出来的细节点被用户更直观地感知到呢？有个很神奇的小魔法，那就是用数字描述。

在画面的旁白文案里，使用数字描述，比如这款青藤椒酱，隔水密封三蒸三焖。用户看到后，不用去思考什么是"三蒸三焖"，就知道有这样的工艺，不用对文案内容再次思考，知道这款产品的差异点牛在哪里了。

类似的文案还有"养足 200 天""九蒸九晒""1 支牙刷有 1 万根细毛""5 分钟做好一顿营养早餐""用它剪 10 下，咔嚓咔嚓剪出迷死人的大波浪刘海""始创于 1985 年，卖出 100 万个烧饼"……

这些数字，都可以从生产过程中深挖提炼。比如你是卖园艺剪刀的，不要上来就对客户说"我的产品是最棒的，市场最好的，没有之一"，这句话是空洞的，并不能打动客户，反而会让人觉得你很虚伪，不诚实。

如果你运用数字描述的技巧，就可以说得更加具体，比如"我试过其他家的剪刀，修剪一个小花园可能需要一个下午的时间，因为有些粗枝条它剪不动，只能拿锯子锯掉，而我家这把剪刀，采用德国进口钢，用滚轴增力，大拇指粗的树枝都能轻松剪断，修剪一棵树只要不到几分钟。我半小时不到，就能完成别人一个下午的活，既节省时间又省力气"，这样通过数字描述，可以把价值描绘得非

常具体，避免了脚本过于宽泛而不够具体的弊端。这样的短视频剧本，可以不带一句旁白，因为你想表达出来的内容精华，已经以画面呈现的方式让用户感知到了，这就够了，还需要多说什么呢？

序号	时长	画面	旁白解说	字幕	配乐／音效
1	5秒	两位身穿少数民族服饰的老师傅举刀剁碎藤椒，放入蒸笼蒸闷	我们的辣椒酱不一样	三蒸三闷后	
2	2秒	成品灌入玻璃瓶，摆放陈列出来			
3	6秒	辣椒酱的吃法：放入滚烫的肉汤中提鲜；拌面、拌饭；夹烧饼		可给汤提鲜；拌饭、拌面特别香；烧饼里夹一点，更加香	水开沸腾声；拌面搅拌声；吃面的吸溜声；吃烧饼的咔嚓声

这个脚本的亮点在于突出食物产品的独特加工过程，以及告知用户如何食用的方法，让用户自动脑补，把自己的思绪代入食用场景当中。

我们再拆解一个案例，来强化认知。比如这款古法手工糍粑的短视频，才短短14秒，却能勾起用户的食欲。

序号	时长	画面	解说词／字幕	配乐／音效
1	2秒	老人把蒸熟的糯米团倒入捣臼		
2	3秒	两人拿起捣臼反复捶打，老人在一旁观看		
3	2秒	成品糍粑撒出来，可清晰看到商品名称	独立包装，想吃几个拆几个	摔到桌面的声响
4	2秒	油锅中小火翻面煎炸	中小火勤翻面	油炸的刺刺声

（续表）

序号	时长	画面	解说词/字幕	配乐/音效
5	2秒	糍粑团被煎成金黄色，用筷子戳开，撒上熟黄豆粉和红糖浆		
6	3秒	用手撕开软糯糍粑，可见拉丝	糯糯的糍粑真的太香了	吧唧吧唧的咬嚼声

用户需要看到的是你的产品与众不同的地方，尤其是跟其他同类产品的区别，这款糍粑最大的独特点在于在农村环境中用人工捣臼制作，确实给人一种新鲜感。

前半部分是为了吸引眼球和证明自己的古法手制，而后半部分则是糍粑应该如何烹饪、食用的演示，其实就是在暗示催眠用户产生这样的心理印象——"照着这样烹饪，我也可以做出色香味俱全的糍粑，我也是很棒的！"

二、把复杂的产品往简单说

如果你不了解什么是复杂的产品，那么你打开电商购物平台，随便挑一款产品的详情页，比如一款双开门冰箱，就罗列了一大串的产品优势，包括产品工艺、独特设计、表面涂料、冷风循环、保鲜效果，等等。往往这类设计者是抱着这样的心态——不求用户能看完所有卖点诉求，但求他们能看中其中一点，并且点击购买。

出发点是美好的，可现实往往残酷，因为消费者除非非常迫切需要这个产品，不然只是随便浏览的话，很难在短短几十秒内主动吸纳这么多的信息，所以大部分人很难记得住你的主诉求是什么，

不清楚你提供的这个产品跟别人家的有什么不同。

大部分创作者的惯性思维： 希望在最短的时间内，将产品优势一五一十地灌输给用户，让他真正了解本产品的优势和好处。

用户的真实想法： 我就是来刷抖音耍乐子的，你说得这么啰唆真没意思，很让人反感！

在抖音这么信息量庞大的内容体系里，怎样让用户愿意停下来听你诉说产品？

尤其是你的产品属于比较冷门的领域，用户对你的产品既不懂，也不熟悉，如果你还是像祥林嫂一样喋喋不休，那么谁乐意看你的短视频？

所以我们要做的是，在用户对你的产品不熟悉的前提下，怎样将他们不懂、不熟悉的产品诉求，改成跟他们紧密关注、切身相关的利益点，让他们轻松、快速感知到你的产品能给他们带来什么好处，而不是让他们再费脑思考这产品到底是什么东西。

中国有句古话，叫"化繁为简"。高明的带货能手往往能简明扼要地一语中的，而混饭吃的带货运营往往是在百度上搜产品介绍，直接将产品信息放到脚本里，"照本宣科"是说不到点子上的，所以会让人不明所以。

结合前面的章节"第二招：爆卖点分级"和"第五招：嫁接场景"，我们可以总结出三个步骤：

步骤一：挖掘痛点——挖掘用户急迫需要的痛点，并能够解决。

当我拿到一款产品时，商家合作方往往会随之发来一大堆资料，有销售笔记、历史典故、产品说明书、公司简介、创始人经历、合伙人介绍、营销活动等等。可能你会想：我只是做产品推广而已，干吗要看这么海量的信息？不要着急，这是基本操作，你需要学会从中筛选有效信息。

曾经有一位客户给我带来一款智能牙刷，并且附赠了50多页的产品说明书，里面把材质材料、制作工艺、功能原理、应对症状、适用人群及注意事项都列得清清楚楚。

诚然这位客户是一位很讲究细节的人，也是一位很成功的商人，但正是投入太深，用他的话来说，当他成为这个领域的专家时，他对用户的触觉彻底消失了，这是非常可怕的。因为他已习惯看自己的产品有什么，而不是更关注用户需要什么，因此他才会来找我，寻求解决之道。

其实这时候我们要做的事情，也只有一个动作——跳出来，看用户到底迫切需要什么，再对比市场上的竞品对手，看我们的最大优势能给用户带来怎样的利益好处，能否解决他迫切想解决，却短时间内没能解决掉的烦恼问题。

我们针对口腔洁齿的痛点做罗列，发现大部分牙刷并不能彻底将牙齿清洁干净，牙齿缝隙还会存有部分残渣，日积月累就容易形成牙垢、龋齿，一口大黄牙、一个大牙洞，往往会令人烦恼。

而这款智能牙刷的刷头有1万根细刷毛，并且采用"超声波＋高频率水流"来双重清洁。是不是感觉还是有点不好懂？没关系，接着看下去。

步骤二：换位思考——以用户的角度，告知他们能带来什么好处。

当我们基于用户对改善龋齿、黄牙的迫切需求，结合产品找到双重底层清洁的卖点后，还要学会一个动作。那就是改变思维，不要从卖家、专家、广告人的角度来思考，而是转换到用户的角度，反向思考这个卖点能给用户带来什么好处。

我们站在用户的角度，描绘这个卖点能给他们带来怎样的使用体验或使用结果，然后用这些未来场景来刺激用户。

比如一支牙刷有1万根细刷毛，对用户来说有什么好处？

其实柔软密集的刷毛，让刷牙更舒服的同时，能保护齿间嫩肉不被弄伤。比如这款智能牙刷的双重清洗功能可以让用户在刷牙的同时，用细水流冲走牙缝隙里、牙刷毛够不到的食物残渣。

这样的利益诉求对于用户来说，是到位了。但带来的感知并不算强烈，因为他们没见到"结果"！我们还要进一步优化。

步骤三：对比参照——找到对应参照物，把卖点优化成用户熟悉的事物。

这一步的原理其实并不难，要想把复杂的事情说得更加简单，我们需要一个大家所熟悉的事物做认知关联，也可以做对比参照。

卖点	认知关联	对比参照
刷头有 1 万根细毛	关联物 1：柔软触手 关联点：柔软 例：足足 1 万根细毛，像触手给你的口腔做 SPA 按摩	对比物 1：硬毛牙刷 对比点：坚硬 例：别再用这样的硬毛牙刷了，都刷得牙出血了
	关联物 2：丝绸 关联点：柔滑 例：刷头上有足足 1 万根细毛，刷牙时，给你如同丝绸拂过肌肤般的享受	对比物 2：猪毛刷子 对比点：坚硬 例：你拿这种硬牙刷刷牙，跟拿猪毛刷洗衣服有什么区别？
"牙刷＋冲水"双重清洗	关联物：牙科洗牙 关联点：清洁程度 例：刷牙同时也在洗牙，在家也能享受私人牙医待遇	对比物：垃圾桶 对比点：口腔感受（臭） 例： 1. 你还想每天早晨被自己的口臭熏醒吗？连猫主子都嫌弃你，不让你亲 2. 每天早起都觉得自己嘴巴像几天没清理的垃圾桶

　　用参照物做锚点，能快速唤醒用户脑中的相关记忆，然后让它们产生关联或者对比，继而减弱对新概念新产品的陌生感。

　　比方说，当鳄梨还未被称为牛油果之前，你怎么向一个从来没见过鳄梨的人，介绍这种水果？

　　搜狗百科上对鳄梨的介绍如下：

　　鳄梨，落叶乔木，高 10~15 米，胸径 1~1.5 米；树冠开展，分枝多而密，茎枝粗壮，多节瘤，常有弯曲现象；树皮厚，不规则开裂，具乳汁。叶长圆形，先端圆或钝，基部圆或钝，幼时上面被锈色柔毛，后两面均无毛，中脉在上面呈凹槽，下面浑圆且十分凸起，侧脉 30 对以上，相互平行，两面稍凸起，网脉细；叶柄圆形。花梗被锈色柔毛；花萼裂片披针形，外面被毛；花有香甜味，花冠裂片卵形，全缘。

浆果球形，直径 3~4 厘米，可食，味如柿子；种子卵圆形，黄褐色，具光泽，疤痕侧生，长圆形。花期 6 月，果期 10 月。

相信大部分人看完以上的文字介绍后，还是不知道鳄梨是什么。幸亏有人把鳄梨重新做了定义："鳄梨又叫牛油果，是墨绿色果皮，果肉带有牛油般口感的水果。"

鳄梨和牛油果，是两个概念，哪个更能给用户留下深刻印象，并让其有购买欲呢？

很明显是后者，"带有牛油般口感的水果"，自然比鳄梨更好懂，能让普通人迅速了解和接受这种新奇水果。

案例解析：懒人马桶凳

这个产品表面看很普通，但实际上拥有很多黑科技，而且其功用也并不为大众所熟知，改进步骤如下：

步骤 1：挖掘痛点	针对用户：爱刷抖音的年轻群体 跟踪行动轨迹来选择痛点： 针对老年人——马桶凳能帮助其顺利排便 针对年轻人——卫生间里待的时间比较长，在马桶上坐 10~20 分钟也是常有的事情，看手机直至腿发麻
步骤 2：换位思考	目标用户的痛苦：蹲久容易脚发麻，拿手机导致手酸 解决痛苦：调节高度，托起双脚伸直腰；凳子有专属的手机支架，解放双手
步骤 3：对比参照	关联参照：脚麻痛苦——像灌了水银般沉重，走动似被针扎肉，又似被电流击中，直冒冷汗

就是要把这种痛苦对比描绘出来，具象化成为创作脚本。

序号	时长	画面	旁白解说	字幕	配乐／音效
1	2秒	在卫生间里蹲马桶刷抖音、玩手游，不亦乐乎	日常的你是不是这样……		
2	1秒	被老公催去干活		15分钟后	
3	2秒	双腿像被针扎，又像触电，没法站稳，痛得冒汗			针扎声、电流声
4	4秒	马桶下放置个马桶凳，双脚放上去，把手机置于架子上，快乐刷抖音		不如试试这个马桶凳吧	影视剧声音游戏的胜利音效（double kill）笑声
5	2秒	老公拿着自己的马桶凳在外面等了好久，气得猛拍门			笑声

额外福利：假想对象沟通法

　　讲人话的本质，就是让沟通更加口语化，更加容易理解。但口语化不是啰唆，而是假设你面对什么对象，再用他最容易理解和接受的语言阐述你的观点和感受。记住，文案和短视频一样，都是沟通的方式。而沟通大都是在某个场景中进行的，比如教室、饭店、咖啡馆等。

　　村上春树写作时有个方法，他会把创作想象成在洞穴里给大家讲故事，人们围坐在篝火旁，静静听他的故事来度过漫长黑夜。他还会想象人们在听故事时的表情，可能会提的问题，等等，确保"眼

前有人"，而不是自说自话。

比如看村上春树在《遇到百分之百的女孩》书中的语句：

四月一个晴朗的早晨，我在原宿后街同一个百分之百的女孩擦肩而过。

女孩算不得怎么漂亮，衣着也不出众，脑后的头发执着地带有睡觉挤压的痕迹。

年龄也恐怕快三十了。严格说来，恐怕难以称之为女孩。

然而，相距五十米开外我便一眼看出：对我来说，她是个百分之百的女孩。

从看见她的身姿的那一瞬间，我的胸口便如发生地鸣一般地震颤，口中如沙漠一般干得沙沙作响。

是不是就像他在对面说给你听，画面感十足？

我曾经写过一则戒烟牙膏的文案。我虽不嗜烟，但我假想坐在对面的倾听者是一位老烟枪的爱人，我怎样劝说她让老烟枪戒烟，是苦口婆心说为了孩子，还是列举亲友病例，抑或拉出治疗费用清单恐吓她，如果丈夫患病，遭殃的还是她自己，既要承担沉重的经济负担又要养家带娃，关键还不能离婚……

为什么要假想我的用户对象是老烟枪的爱人？

很简单，正是因为通过大数据采集发现，70%的戒烟产品购买者是女性，而且以买给男性使用为多。

所以创作短视频是以跟人交流为目的的，你一定要找到对的人，把他假象出来，感觉他就坐在你面前，你端起一杯清茶，拿起产品将你想说的东西跟对方娓娓道来。这样创作出来的内容，才更具备真实的画面感。

请找到能让自己最舒服放松的地方（卧室、天台、小黑屋均可），尝试跟假想对象展开一次真切的交谈，甚至吵一架吧。

小　结

一、讲人话判断法：杜绝自嗨式创作的三个要点

1. 一听就懂：共鸣感
2. 一看就会：画面感
3. 一做就对：成就感

二、大白话翻译法：快速改出秒懂式内容的两个小白级窍门

1. 简单的产品往复杂说——产品细节＋生产过程＋数字描述
2. 复杂的产品往简单说——挖掘痛点＋换位思考＋对比参照

请你马上行动！

多想不如多做，让我们每天精进一点点。

试着挑出一款你熟悉或陌生的产品，尝试跟假想的客户沟通，用本章节的技巧让他接受你的观点，买下商品，最终提炼出能让人秒懂的短视频脚本。

创作灵感篇

  卖爆的秘诀，不是让用户找你，而是想尽办法，搞明白精准用户更喜欢什么话题，再投其所好，攻其软肋。

第七招 建立创作素材"军火库"：有准备才能收获更多灵感

第一节 3天憋不出一个作品？灵感从来只留给有准备的人

经常会有刚入门的学生问我："我很想做短视频，但又不知道该怎么做，如何入手。每当拿起手机拍时，我就感觉自己的知识积累太过贫乏，究竟该怎么办？"

一般来说，做短视频，创意非常重要！

一个好的创意，可以让你的账号在短时间内从 0 粉丝涨到 100 粉丝，甚至几万粉丝。同时，用创意做好内容，是做好账号的根本，也是做带货爆品的基础。

那么，创意来自哪儿？其实主要有两个方向。

一、来自生活

所谓艺术来源于生活，高于生活，如果我们认真留意，会发现

抖音里的很多视频就是将生活当中的一些片段、小场景，用戏剧化、夸张化的手法表现出来。

这需要我们平时多留意生活中的细节或者搞笑的事情，继而用文案把它表现出来，这样就容易做出原汁原味、贴近生活的内容。

比如有一天突然降温了，同事下班骑电瓶车回家，却露着脚踝，还没挂挡风布，我就这样问她："这样脚会不会冷得难受发麻？"

她回答："我知道啊，膝盖可冷了，幸好家不远，回家喝口热汤，再捂热。"

后来我们把这个片段用于一个补气血的产品的推广上，做了个脚本片段：冒着严寒风雪回到家，这时老母亲端来一碗热烘烘的紫米汤（加入红枣、枸杞、红糖等补血食料）。

这样一来代入感马上就出来了，可以让用户有切身的体会，产生共鸣。

二、来自热点

抖音对热点抱有天生的亲近感，它非常喜欢大家去借鉴其他平台的热点信息，因为这样可以让更多的人在抖音上看到他们喜闻乐见的优质内容，从而让这个视频平台更加受用户的欢迎。

比如某某明星曝出离婚新闻，可能很快这个热点就能从微博、朋友圈蔓延到抖音，各个博主达人对它再进行解读，创作出新的内容，引发一次又一次大众热议。

　　但同时，越来越多的人开始感受到平台对内容创意的迫切压力。为了能持续产出优质内容，迎合平台对内容的"需求饥渴"，有眼光的公司、团队和个人创作者都会去建立属于自己的内容素材库。

　　与其整天到处烦恼找素材，不如顺便花点时间建立起自己的素材库。建立了素材库，你就能在选题、标题、内容、想法创意、工作效率、持续创作等方面领先别人一大步。

　　下面教你如何做账号的自我定位，帮你找到对标账号，并提供给你拆解账号的模板。

第二节　拆解对标账号：
两步挖出最紧缺的灵感，建立创作素材"军火库"

一、选好细分赛道，明确自己的目标

　　首先，要确定账号定位。明确自己是要做什么类型的账号，是带货销售还是做知识分享、测评推荐等。

　　不是什么内容火爆，我们就去做什么，而是什么内容能够帮助我们实际获得更加精准的客户，卖出更多的货，我们才做什么。

　　商业变现的常见模式分为电商卖货、知识付费、广告变现、招商加盟、门店引流等。除了商业变现外，还有品牌曝光、涨粉、引流、扩大行业影响力等目标。不同的目标会决定你的创作应该走的方向，所以务必好好地思考一下，你最终希望通过哪种方式来进行变现。

　　其次，确定表现形式。主要分为真人出镜和非真人出镜，前者

比较容易理解，而非真人出镜的类型则比较多，比如影视剪辑、动画、萌宠、货物展示等。如果是非真人出镜，那么就需要展示强逻辑或者强技能的内容，它非常讲究输出内容的质量和数量；通常来说，真人出镜更容易被大多数人接受，账号和作品的生命周期也会更长，比如很多美食号，露脸的比不露脸的往往更容易涨粉和实现卖货转化，所以条件允许的情况下，建议优先考虑真人露脸出镜。

再次，确定变现领域。不是让你选择哪个品类，而是选择一个更细分的板块，比如大家都熟悉的某头部主播，他最开始是做美妆直播的，但是他卖什么最火？口红啊！而前文所提及的"圆脸若卉"，一则短视频一夜之间获得4万多点赞，爆单卖书30万元。还有以乡村特色、朴实古风为主的知名博主李子柒，一度成为中国美好新乡村的代言人。

发现了吗？他们的最强变现内容分别是口红、理财书籍、食品，而不是美妆、居家、生活随拍。要变现，必先选准变现产品，再围绕目标受众进行带货内容的创作，这样就把整体的账号内容、风格定下基调了。

如下：

变现产品	目标群体	担任角色	提供好处
大码女装	微胖人群	穿搭知识的分享者	胖子的日常场合穿搭
懒人早餐	家庭用户	健康饮食的践行者	营养又省事的早餐做法

最后，找到对标账号。我们所说的寻找要拆解的对标账号，不是说让大家拿起手机不断刷刷看看就行了，而是要像专业机构一样做数据分析，常用的第三方数据工具有蝉妈妈、飞瓜、新抖、灰豚

数据、轻抖等，一般人可以用免费的数据工具，比如打开轻抖 App，依次打开"数据榜单"—"轻抖达人榜单"—"新晋十万粉榜"，然后挑选你的对标账号，之所以挑这些刚涨到 10 万粉丝的账号，是因为这些账号能突然火起来，大多数是因为踩准了点，所以被推了上去，属于优质潜力股，非常值得我们去拆解。

　　以下这个工具表格摘自网络，但对于新手来说，可以帮助他们快速度过新号定位期。尤其是 5000 粉丝以内的新号，更需要做好细分定位，以便确定作品方向，让平台系统给你的账号打好标签，更好、更多地推荐给适合的目标人群。

短视频类目	人物角色	才艺特点	行业领域	特色	表现形式	场所场景
	阿姨 阿伯 小哥哥 小姐姐 萌娃 外国人 老人 ……	舞蹈 手工 唱歌 技术 音乐 配音 绘画 恶搞 励志 剧情反转 ……	美食 美妆 健身 母婴 情感 亲子 汽车 旅游 房产 情感 ……	角色扮演 亲身体验 剧情反转 男女反串 知识干货 情感鸡汤 特殊风景 ……	剪辑 口播 探店 剧情 段子 采访 ……	客厅 厨房 洗手间 办公室 机场 地铁 街道 商场 景区 ……
账号类型	□推荐＋评测　□好物带货　□营销号					
人设元素	特殊形象： 特殊职业： 特殊场景：					
头像						
签名						
头图						
痛点／欲望						
变现模式	□短视频 带货	□直播 带货	□直播 打赏	□线下 引流	□广告 变现	其他

以一位客户"姚小茶"的账号为例。它主推"好喝还不胖"的姜乳奶茶，最大的亮点是，它的每一则短视频里都会展现各种美丽的指甲，让目标用户第一时间被这美甲所吸引，在欣赏美甲的同时，也顺带把产品讲解给看完了。

这种"小心机"，真的非常值得学习。

短视频类目	人物角色	才艺特点	行业领域	特色	表现形式	场所场景
	小姐姐	美甲	低卡零食轻滋补	亲身体验	口播	家庭办公室
账号类型	推荐＋评测					
人设元素	特殊形象：美女美甲 特殊职业：白领 特殊场景：家庭					
头像	女孩符号的品牌标识 姚小茶					
签名	牛乳姜茶／现代姜茶品类开创者 姚小茶：专注于创新和健康的现代养生茶饮品牌 研发团队来自华东理工大学生物工程学院 好喝／健康／管用　愿所有女生被温暖以待					
头图						
痛点／欲望	欲望：对美甲的喜爱		痛点：姨妈期暖身子			
变现模式	□短视频带货	□直播带货	□直播打赏	□线下引流	□广告变现	其他 品牌蓝V 企业号

小贴士：如果目标人群是年轻女性，可以在手部展示的环节，展示羊脂玉似的葱白嫩手，涂得美美的指甲，让女生们目不转睛地看完整条视频。

假如目标群体是男性，那么开场3秒在不触犯平台规则的前提下，以面容精致、身材姣好的女性为视频主角，让男性观众的眼球情不自禁地停在她身上。

以上也算是抖音短视频公认的"流量密码"之一。

二、找到对标账号，拼命拆解

把这样的账号一个个找出来，做成表格，然后找出它们点赞最高的视频作品。按照以下的表格模板，把对应内容填进去，当你填满20个、50个乃至100个时，你对如何做账号、做内容，就有感觉了。

标题文案：								
链接地址：								
所属领域		视频场景			带货产品			
人物服饰		人物特点			配乐			
视频节奏		画面亮点			台词特色			
场号	画面内容	音效	对白	字幕	时长（秒）	景别	机位	拍摄手法	备注
1								
2								

以上文的"姚小茶"为案例，我们将它的一则视频作品进行拆解，仅做演示参考。

标题文案：

喝完一杯 # 牛乳姜茶 整个身体都是暖暖的，简直太幸福了 # 喝出好气色 太适合冬天啦 # 姚小茶

链接地址：暂略

PS：标题关键词能跟产品功效产生关联，这是针对抖音搜索栏的流量优化（SEO）

所属领域	低卡奶茶		视频场景	餐厅		带货产品	牛乳姜茶 39.9 元起		
人物服饰	日常居家服饰		人物特点	服饰色系与产品颜色相似		配乐	《南半球与北海道》范倪 Liu		
视频节奏	平缓		画面亮点	女性美甲		台词特色	音色成熟		
场号	画面内容	音效	对白	字幕	时长（秒）	景别	机位	拍摄手法	备注
1	女主角在厨房喝牛乳姜茶			冬天来一杯暖乎乎的牛乳姜茶，真的是太幸福了	5 秒	中距离	1#	固定镜头	
2	拆箱展示			姨妈期的贴心热饮被我找到了。手脚冰冷怕冻的姐妹们	3 秒	近距离	2#	固定镜头	
3	展示包装及配料表			一定要试试这一款，姜茶＋牛乳，又暖又好喝。独立包装，方便携带	5 秒	近距离	2#	固定镜头	

（续表）

场号	画面内容	音效	对白	字幕	时长（秒）	景别	机位	拍摄手法	备注
4	展示奶茶粉末细节，泡开奶茶			浓郁的奶香中和了姜的辛辣，和奶茶一样的口感不辣嗓，喝完身上暖乎乎的	6秒	近距离	2#	固定镜头	

再演示如何拆解一则做微胖女生服饰搭配的视频作品，博主的名字叫"120斤的欣怡"，大家可以去抖音搜索。

标题文案：163cm120斤＃微胖女生＃显瘦穿搭 视频链接：暂略					
所属领域	大码女装搭配	视频场景	影棚	带货产品	大码女装
人物服饰	日常生活服饰	人物特点	微胖，小肉脸，可爱无害，攻击性不强	配乐	无
视频节奏	快速	画面亮点	多套冬天服装搭配切换，显瘦收肚显高	台词特色	日常交流

场号	画面内容	音效	对白	字幕	时长（秒）	景别	机位	拍摄手法	备注
1	女孩全身		喂，先别滑走，像我这样腿粗、屁股大、肚子也大的女生买半裙是特别难选的		6秒	中距离	1#	固定镜头	

（续表）

场号	画面内容	音效	对白	字幕	时长（秒）	景别	机位	拍摄手法	备注
2	女孩换上针织裙，并且展示		选这种针织裙总是会被图片所迷惑，以为自己穿上可以跟模特一样瘦，可现实总是很残酷		7秒	中距离	1#	固定镜头	
3	女孩换上网红款针织裙，左右转身、360度展示		选这种网红款半身裙又非要穿长款衣服才能遮住我的胯宽，不然这肥肉和屁股简直无法直视		7秒	中距离	1#	固定镜头	
4	女孩换上A字形半裙		所以这几年我都只穿A字形半裙，不仅面料厚实，显瘦效果也是100分		8秒	中距离	1#	固定镜头	
5	女孩换上马丁靴、上衣		来双马丁靴，随便一件上衣又显瘦又好看，天气冷一点，那就换成大衣外套。微胖女生记得关注我哦		7秒				

千万不要怕麻烦，就像长跑一样，你连如何调整呼吸都没学会，一上来就要跑马拉松，那真是要挑战生死极限了。

我当年学写卖货文案的时候，几乎是保持日拆 1 ~ 2 个长文案。当坚持拆到 1000 个案例时，我已经从外卖小哥晋升为稿酬 10 万元级别的头部写手，成为电商老板们的座上宾。同样的道理，先模仿，后创新。

还有其他素材来源，包括巨量算数、抖音创作小助手、微信视频号、淘宝天猫的买家秀、小红书的高赞笔记、信息流广告等等，这里就不再一一详述。尤其是巨量算数和剪映这两个抖音官方出品的 App，里面包含了大量的数据、案例、成品教程，大家可以多去尝试挖金。

第三节　拆解带货脚本：
一个模型拆解爆款短视频的奥秘

我们曾经使用过的万能广告三步拆解法——吸引关注、塑造价值、成交促成，基本适用于大部分的营销广告活动。但我们针对带货短视频的快速划屏阅读的特点，把拆解条件更加细化一点，让其成为新人也能迅速掌握的带货脚本拆解模板。

你一定要知道，大家刷抖音经常看的基本都是时长十几秒的视频。当然，也有时长在二十几秒到三十几秒的。但如果你的视频很长，前面的铺垫又很多，就很容易令用户没有耐心看下去，很有可能看

了一两秒钟，直接就滑走了，就算你后续的内容再精彩，他也不会去看。所以，开头的 3 秒非常重要。

一、重视开头：3 秒引人入戏

不管是"标题党"也好，搞怪戏谑也好，无论你用什么方式，只要能把看到你这条视频的用户留住，你就成功了一半。这需要你花费很多心思。如果开头没留住人，那么基本上这个短视频就很难爆了。所以开头 3 秒，甚至 1 秒，都能决定这条视频的命运。

有人说：把一半的精力投入在开场 3 秒。这其实一点儿都不过分。

我们看上文的微胖女生穿着搭配的作品是怎样表达的：

——"喂！先别滑走！"

这样直接通过日常打招呼的方式，吸引住你的注意力，让想划上去的手指不由自主地停了下来。你看短短一句话，已经包含多个有效的营销技巧了。

短视频的开场白很重要，切记。

二、价值亮点：让人眼前一亮

这个环节教你如何在短时间内，把主推的产品利益点直接传达给用户。以上文的大码女装为例，我们看它是如何表现的。

你可以上来就讲"微胖的女生腿粗、屁股大、肚子大，买半身裙很难选"。这就是在做进一步的用户筛选，锁定不知道买什么样的半身裙的微胖女生用户，确保用户标签和需求足够精准，以便实现转化。然后快速抛出微胖女生的两个穿衣搭配误区，针织裙和网红款半身裙，都会自曝其短。这时，有这方面选择难题的微胖女生在看到这条视频后多半会有所共鸣，心想："哎呀，这条视频真的很对我的胃口，真的很懂我。"

一般来说，看到了这里，目标用户已经被催眠了，不大可能划到下一条视频了。那就快速进入下一个环节。

三、促使行动：触发用户采取行动

到这里，你的文案既是在推荐产品，同时也在用户心里留下了印记，很巧妙地给用户制造了美好的梦境：当用上我推荐的搭配方案后，你会变得显瘦又好看。

这时，你已经把话说到了用户的心坎上，让她开始"饥饿"起来，迫切想要试穿了。

案例：养生茶

前些年抖音平台上养生茶特别火爆，逼得抖音官方不得不限流这种养生茶内容，限制上架商品。虽然它现在已经不是主流，但我们还可以复盘它是如何火爆起来的。

1.重视开头：3秒引人入戏

它在一开头就直接讲："肚子大的女人，千万不要喝这个！"

其实这就是我们经常提到的标题党了。微信公众号、百度百家号和今日头条等自媒体可能会对这些涉嫌夸张的标题党进行限制。但目前对短视频来说，只要你把握好用词尺度，不触犯相关法规就可以，读懂平台规则很重要。

我们回到这养生茶的案例上。

在做短视频的时候，首先要明白一个道理：你不可能让所有人都喜欢你的作品，但可以锁定一个细分领域的目标群体，尤其是愿意为你的作品掏钱付费的群体！

比如"肚子大的女人，千万不要喝这个"这句文案，如果一个女人比较在乎自己的身材，而且她现在有一些肥胖的困扰，那么她就可能想要去减肥。当她听到这句文案之后，是不是就对内容会更加感兴趣一点？

如果一个女人本来身材就比较苗条，又不担心肥胖问题的话，那她可能也不会对你这个作品感兴趣。也就是说，这条视频本身的目标群体就是这种肚子大的女人。

2.价值亮点：让人眼前一亮

"我怕你喝出小蛮腰。"

我们惯常的认知往往都是"喝得越多，肚子越胀"，而这句文案居然是"喝得多，肚子会缩下去，甚至能出现小蛮腰"，这样180度的大反转，形成很鲜明的对比，显然更容易抓住用户的心理。这是文案写作里一个非常重要的技巧。

因为抖音对短视频时长的要求很高，用户的阅读越来越碎片化，如果你的文案"又长又臭"，还需要用户动脑子去想半天，那么这就是一个失败的文案。

在卖货短视频里，重点是带货，如何在短时间里让用户了解你的产品，了解他能得到的好处，是这类短视频的重中之重。

如果时间真的来不及，那就尽可能一句话讲清楚产品特色。这样的文案就像是产品广告语，无论是"怕上火喝王老吉""鲜丰水果鲜又甜，不鲜不甜不要钱"，还是"钱大妈不卖隔夜肉"等，都是能让用户秒懂产品特色的好文案。

3. 促使行动：触发用户采取行动

"菊花、荷叶、玫瑰花、决明子，开水冲泡5分钟。每天一杯，两周后告诉我好消息。"

前面讲到喝养生茶能喝出小蛮腰，但怎样才能喝出来呢？接下来直截了当地提出，每天喝上一杯用菊花、荷叶、玫瑰花、决明子冲泡5分钟的养生茶，就能实现了。

这个时候很多肚子肥胖的人，就会幻想自己照着做，真能拥有这种小蛮腰的惊喜画面。

梦境令人沉醉，欢乐不能自拔，那就对了，不欢乐怎样促使他

们下单呢?

所以,在内容带货的领域里,要想通过短视频来实现带货,讲究的就是快速冲动消费!因为决策时间太短,用户没时间也没心思听你说教,"不感兴趣就滑走"才是常态。

而这个小白级的带货文案拆解模板(重视开头+价值亮点+促使行动),其实并不局限于短视频带货,在直播领域和线下推销中也屡建奇功,已经帮助很多小白度过新手期,赚取内容电商带货的第一桶金。

希望你能多挖掘优质的对标账号,快速通过科学的方法,了解这些带货牛人的爆款秘诀!

第四节 筛选有效信息:
巧用九宫格整理法,为创作灵感"添柴加火"

我们采集、拆解了大量的素材,并一一整理纳入素材库,这对于内容创作而言,仅仅是一个开始。我们还必须要学会根据创作目的,对有用的信息素材进行合理筛选,进而完成创作,否则只能算是资料整理而已。

人的大脑只会读取自己在意的信息。

比如喜欢猫咪的人,比较关注路边睡懒觉的猫咪,也容易被宠物类的视频吸引住目光。"这只英短真可爱,毛茸茸的,太萌了,估计只有半岁吧?"

只要多点击几次类似的宠物视频，就很容易被抖音算法打上标签，根据你的喜好做持续的内容推荐，让你越刷越上瘾。

相反，如果你不在意宠物类信息，抖音则会减少推荐类似的内容。

所以我们可利用抖音的基于用户兴趣的推送算法，反过来做有用信息的针对性筛选整理。

"一个好作品，百分百靠准备。"

假设你要做一次关于广州美食老字号店铺的探店活动，并且把这次的见闻心得整理成探店短视频。如果你不提前做好功课的话，只怕探店回来后，你根本不知道怎样下手编辑，只能逐件事情来追溯、回忆，这样即使费尽心力，花费大量的时间，也没办法创作出你满意的精彩作品。

相反，如果在准备阶段时，先针对选题来做分解，就能事半功倍。做法很简单，在以下九宫格表格里正中央的单元格填写本次选题题目，然后在周边八个单元格内分别填入与本次选题相关的课题，并且以此进行素材准备、采集，这个表格甚至可以用来做拍摄大纲。

历史：成立年份 成立于光绪年间，已有140多年的历史，陶陶居原名葡萄居，由黄氏创办，依其妻命名葡萄居，以经营茶水为主。后其去世，停业几年，在1927年由王氏重建，多人筹款集资建造新店，更名为"陶陶居"，从此"陶陶居"一名沿用至今	地理：选址变迁 总店位于广州第十甫，此地绿树成荫，文人墨客相聚于此，饮茶下棋	特色：重点主推卖点 月饼、大虾饺、黑鱼子鲜虾烧卖皇、传统鲍汁叉烧包、乳猪、瑶柱沙煲豉油皇鸡…… 如海皇鸡火炒饭的文案：首先将鸡蛋打匀，淋入油内炸成蛋丝；其次将火腿沫、鸡丁炒香，盛出备用；最后在锅内放入底油，下米饭、蛋黄炒匀，再加入火腿、鸡丁、海鲜丁，倒入蛋丝翻匀。这三步不能省略、简化、合并，否则出品必会减弱香气、丢失灵魂
定价：消费客单水平 喝早茶人均50~60元，每种点心价格不同，分为超点、顶点、大点、中点等档次	选题题目：广州百年老字号探店（陶陶居）	装修风格：独特视觉记忆 广州老西关元素，有西关小姐的素描画像、老式雕花窗棂、广州老街小道的路牌等
核心人物：如老板／大厨 60岁粤菜主厨，从事粤菜烹饪超过40年，在香港知名酒楼任职多年，被重金聘请至陶陶居出任粤菜负责人，随手一炒就能炒出一道周星驰电影的"黯然销魂饭"	顾客评价：口碑即品牌 有位70多岁老阿姨，年轻的时候就是在陶陶居摆的婚宴。后来她女儿结婚，也把婚宴的地点定在了陶陶居。现在孙子结婚，也想着把场地定在陶陶居。他们家所有的重大喜事都放在了陶陶居	趣事典故：增强可读性 早年陶陶居的经营者每日差人去白云山九龙泉挑水烹茶，担子上插着小旗子，招摇过市，吸引行人的注意。用山泉烹出的茶水口味甘洌，引来很多名人雅士，如鲁迅、巴金、陈残云、刘海粟等名人曾到该店饮茶。店名"陶陶居"乃康有为先生所题

　　以一款女鞋为例。可从采集的素材里面，依照本书前面章节介绍的技巧，进行组合再创作，很轻易就能获得一个比较完整的创作大纲，无论是写脚本、拍摄，还是跟团队沟通，都能大大提高效率！

人物： 刚毕业，初入职场的女孩 身高163厘米，体重103 斤，自诩微胖。 深棕长发、肤白、斯文 类型	时间： 周末晚上同学聚会	地点： 位于市中心的"网红" 酒吧
环境： 酒吧属于清吧，相对安静。 老板是设计出身，将店内 环境设计得很有格调	选题题目： 微胖女生聚会怎么穿？	情绪： 小恐惧，纠结。不知道如 何穿搭可以遮盖小肉肉
情景： 在试衣镜前不断换衣服， 试搭配效果	结果： 经过"高手"指点，换上 一套深咖色皮裙，大碎花 深色衬衫，外加同色系咖 色细高跟，突显身材苗条、 腿长优势的同时，让肚子 上的小肉肉不显眼	配乐： 轻松、明快

最后再强调一遍，不需要完全原创，也不要每次发布前才匆匆去拍摄。一定要提前做好素材的储备，设计好脚本，这样做会给你带来三个好处：

一是维持日更，保证账号的活跃度。因为断更的影响很大，一断更活跃度就降低，平台就会判断你是不积极的账号，那么又怎么可能给你分配更多的流量呢？

二是能持续练手，在提升生产速度的同时，内容的质量也会不断提高，更容易被平台认定是优质内容账号。

三是降低做短视频的带货风险。正因为产出多了，才能更好地从量产当中找到优化路径，提高带货的成功率。尤其是自己某个作品的完播率达到30%的话，那就果断加投dou+，这样会让你收获意想不到的惊喜。

总之，勤奋创作优质内容，平台一定不会亏待你的付出。

小　结

一、两步挖出最紧缺的灵感，建立创作素材"军火库"

1.选好细分赛道，做有自己特色的账号
2.找到对标账号，拼命拆解模仿再创新

二、一个模型拆解爆款短视频的奥秘

1.重视开头：3秒引人入戏
2.价值亮点：让人眼前一亮
3.促使行动：触发用户采取行动

> **TIP**
> **请你马上行动!**
>
> 　　多想不如多做，让我们每天精进一点点。
> 　　根据本章内容，挑选一款你所熟悉的商品，然后用以下四个表格／模型，进行拆解练习。

1. 拆解对标账号

短视频类目	人物角色	才艺特点	行业领域	特色	表现形式	场所场景
	阿姨 阿伯 小哥哥 小姐姐 萌娃 外国人 老人 ……	舞蹈 手工 唱歌 技术 音乐 配音 绘画 恶搞 励志 剧情反转 ……	美食 美妆 健身 母婴 情感 亲子 汽车 旅游 房产 情感 ……	角色扮演 亲身体验 剧情反转 男女反串 知识干货 情感鸡汤 特殊风景 ……	剪辑 口播 探店 剧情 段子 采访 ……	客厅 厨房 洗手间 办公室 机场 地铁 街道 商场 景区 ……

账号类型	□推荐＋评测 □好物带货 □营销号					
人设元素	特殊形象： 特殊职业： 特殊场景：					
头像						
签名						
头图						
痛点／欲望						
变现模式	□短视频带货	□直播带货	□直播打赏	□线下引流	□广告 变现	其他

2. 拆解对标作品

标题文案：
链接地址：

所属 领域			视频 场景			带货 产品		
人物 服饰			人物 特点			配乐		
视频 节奏			画面 亮点			台词 特色		

场号	画面内容	音效	对白	字幕	时长 （秒）	景别	机位	拍摄手法	备注
1									
2									

3. 拆解带货脚本

1. 重视开头：3秒抓人入戏	
2. 价值亮点：让人眼前一亮	
3. 促使行动：触发用户采取行动	

4. 筛选信息：九宫格整理法

	选题题目：	

第八招 巧上热门：蹭好热度能事半功倍

第一节 善用热度红利，
低成本打造爆款作品并不是神话

这个世界每天都不断发生着各种各样的新鲜事，但是能抓住机会，赚到一波热点流量红利的人却寥寥无几，为什么呢？

这一年下来，我们考察了上千条爆款短视频，尤其是带货爆单的短视频，发现两个关键因素：猎奇感、价值感！

大部分人刷短视频，要么是无聊消磨时间，要么是放松解压。他们像优秀的猎犬一样，不断嗅探哪里有有趣、好玩、奇特的内容。如果遇到无趣的内容，直接滑走，遇到非常感兴趣的内容，就算视频播完了，他们也会很好奇地去翻看评论区的用户留言，寻找有没有跟自己有相同感受或者意见相左的。这就是沉浸式阅读带来的上瘾般的爽感。

但站在带货层面来说，花尽心思只用来满足用户的好奇心，这并不是绝佳之策。因为我们的目标一直都很明确，那就是带货。所以我们要在满足其好奇心的同时，还要赋予其价值感，让用户看完这条视频，能获得什么启发或者解决什么问题。

也就是说，我们要以猎奇感吸引用户，以价值感回报用户。

我们在第四招"激发欲望"中曾提及一个案例，有一句文案是："为什么别人家的孩子是学霸，而自家孩子却是个不爱读书的学渣？"这句文案将家长的攀比忌妒心激活，让其内心产生极为不舒服的"失衡感"，而那本能让孩子爱上读书，避免沦为学渣的书就是"解药"。这便是价值感。

一个合格的带货短视频账号，一般就干一件事，那就是做好物分享，坚持分享商品体验，最终实现变现。通常来说，一条视频需要有以下要素：

基础条件	画面清晰 没有杂音 美观整洁 带字幕，方便阅读
内容要素	人物：无论露脸与否，都需要有个人设，可以是萌萌少女、闷骚大叔、强势御姐、虎妈猫爸等，都能快速贴近目标受众 环境：周围环境能跟所推商品的使用场景有强关联，如卧室、厨房、车内等 台词：像老朋友当面交流一样，设计对白台词，多用"你" 音乐：在抖音音乐库中挑选，尤其是飙升榜里的热门单曲，以快节奏、符合视频基调为主 亮点：养眼颜值、抖包袱、搞笑段子等，可让内容增色，令观众眼前一亮的
情感要素	有收获：思考观众看完视频后，我们的内容／产品能让其获得什么？ 有共鸣：思考要激发观众哪个方面的共鸣感？可多翻热点，挑简单的创作，比如节假日、天气变化、明星趣事、情感变化等 有痛点：思考要揭开观众哪些"伤疤"？前提是你能"治愈"好它 有笑点：思考可以提供什么娱乐快感给观众，是解压，还是博君一笑？

第二节　抖音热门密码：
判断上热门的六项指标及优化方案

不管是在什么内容平台上，每一个作品终归都是有数据的。而且抖音的算法是按大数据去抓取用户的喜好，据此形成画像标签，然后再以此进行内容的分类推荐。

一条视频要想上热门，通常要满足以下六项指标。

一、完播率大于30%

完播率是一个非常重要的平台数据，也叫作"完播时长"，由视频开头的精彩程度和内容结构的吸引力决定。如果有100个人浏览了你的视频，其中有超过30个人完整地看了这条视频，就说明完播率大于30%。

如果你想查看自己视频的完播率，可以在抖音App采用如下的操作路径："我"—右上角"="—"创作者服务中心"—"数据中心"—"作品数据"。

可能会有人问，完播率要达到多少才算是合格？

一般来说，单个作品的完播率不能小于30%。如果你的作品完播率比较低，通常有三个改善办法：

1.把最精彩的内容放到开头，让作品的前3秒吸引住观众的眼球，

也就是黄金3秒原则

完播率差的原因往往在于视频的开头不够吸引人，这时要查看这个作品的内容结构是否存在问题。如果作品中有非常精彩的内容，却没有放到开头，那就需要调整内容结构。比如一段讲述清除厨房顽固油污的泡沫清洁剂的视频，原本的内容结构是喷涂油污（开始）、油污起泡（过程）、擦净油污（结果）。为了提升作品的关注度，我们需要把擦净油污（结果）的这一片段放到开头部分，让用户第一眼就看到结果，引发好奇。也就是说，要把原本123的顺序结构，变成3123的倒叙结构。

重点就是尽可能让观众先看到你能提供的"结果"！

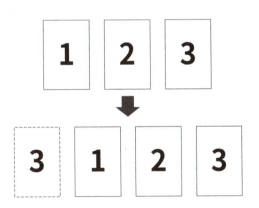

2. 用户看到什么，比听到什么更为重要

画面要尽可能稳定、明亮清晰，背景环境干净不杂乱，而且切记不可贪图方便，过度使用滤镜。

为了拍摄清晰，除了一台主流手机外，可以添置一盏补光灯、领夹式麦克风、手机支架，成本可控制在一两百元以内。

以下是两款手机壳的短视频。第一个作品花里胡哨打满了特效，遮盖住了手机壳本身，第二个作品能清楚表现出产品的细节亮点——手机壳右上角可旋转的海绵宝宝。

以带货卖货的角度而言，哪个效果更好？自然是能告知用户产品细节好处的后者了。

3. 控制时长，精炼文案和内容，不要说废话

比较推荐的时长是 10 秒到 20 秒之间，或者 8 秒到 15 秒之间，这两个区间的视频完播率是最高的。而不足 8 秒的短视频会被系统判定为无效内容，很难获得流量推荐。

这要求你一定要在一个作品里讲清楚一件事或者产品的一个亮

点或使用效果，切记不要贪多嚼不烂。比如说一个 12 秒的带货短视频作品里，为了讲清楚一款手工糍粑是真古法制作，可以这样做：

3~4 秒的开头：穿着民族服饰的几人在捣白糯米，然后将捣好的糯米团倒入蒸笼蒸煮，3~4 秒时长的片段，即可让人秒懂什么是"古法手工"。接着是已经制作完成的包装成品，最后是糯米糍粑在锅中煎至膨胀，发出刺刺的响声。

这样一条简短的视频就将产品生产过程、使用体验的结果展现出来了。整条视频逻辑清晰，简单易懂，让人马上明白什么才是古法标准，匠心制作，让人知道这糍粑地道好吃是有原因的。

如果你不是很熟悉如何精简内容，那么更简单的办法就是将内容做加速处理，确保既不影响观众浏览观看，又能讲清楚产品特点即可。

二、点赞率大于 3%

作品的质量，决定了用户点赞收藏数量的多少。

如果有 100 个观众浏览了视频，有 3 个人给作品点赞，就属于正常；如果低于 3%，则属于比较不正常的数据范围。

如果作品的点赞数比较少，通常是因为内容不够有趣，别人看了之后不想点赞。

有什么改善的方法呢？那就是狠抓内容，输出我们的价值观，有效提升内容的质量。无论是解读人性感情（如同情、攀比、孤独、恐惧、贪婪等）、传递正能量，还是分享美好生活等，都是可以吸引观众点赞的。

你去翻翻点赞数多的热门作品，是不是都具备以上的特点？

三、评论率大于 0.4%

你要让用户忍不住表达意见，和你互动沟通。

用户的评论和留言也是非常重要的一个数据。一般来说，如果有 1000 个人浏览了视频，却连 4 条评论都没有，那肯定是有问题的。原因往往是视频内容太平淡，没什么冲击感，缺乏共鸣感，导致别人看了没感觉，或者连吐槽的兴趣都没有。

四、转发率大于 0.3%

你需要设计好解决方案，让用户有转发的欲望。

如果有 1000 个人看完这条视频，转发量不超过 3 个，说明这条视频也是有问题的。如果没有找到症结所在，那么下次还是容易犯同样的错误。

如果没掌握正确技巧的话，想让带货短视频上热门还是比较有难度的。看着别人动不动都是几万、十几万的播放量，而你的播放量却很少超过两位数，那就真要停下来，好好想一想了。

前面我们提过，要以猎奇感吸引用户，以价值感回报用户。转发率低，往往是因为你的作品对用户来说缺乏价值！回想一下，平日我们为何会收藏或者转发视频、文章？不就是因为觉得它对我和

我的朋友很有用处吗?

比如你媳妇喜欢吃辣,突然有一天她转发了一条麻辣干锅的美食视频给你,你觉得意味着什么? 低情商的会说,还没到饭点呢我不饿;高情商的,立马打开大众点评 App 找附近有哪些排名靠前、评分高的麻辣菜餐馆。这段麻辣干锅短视频对你媳妇来说,就是起到诉求传递的作用,而对你来说,则是指令信息的作用。

比如你家正在装修,你母亲刷到一条卫生间如何做好防水的视频,随手转发到家族群,并点名让你看。说明你母亲觉得这卫生间防水的视频对你有用,所以就转发给你了。

比如你刷到一条"人类高质量男士"的搞笑视频,点击收藏后还非常想分享给同事,让他们也能共享你的愉悦。

……

总之,价值的概念比较广,但聚焦在卖货短视频上,就是给用户提供实在的解决方案,让用户有转发的欲望。在内容设计上,必须要注意这一点。

五、复播率大于 0.3%

让用户看完一遍还不够,再来几遍!

复播率是指用户看过本条短视频达两次以上,占总浏览量的 0.3% 以上。因为视频的浏览次数是按单次播放量来计算的,所以同一个用户能看 3 遍,就是 3 次浏览,看 5 遍就是 5 次浏览。只要你的内容有趣生动、节奏感快,那么用户在滑走之前,能贡献 2 ~ 4 次浏览,

对作品挤上热门是极大的利好。

六、粉占比大于1：6

账号要够鲜明、够垂直，一个号只需要干好一件事。

粉占比 = 粉丝点赞数 ÷ 点赞总数，比例大于1：6。

如果你发现有些人的视频播放量有好几万，但没多少点赞，也没涨多少粉丝，你知道问题出在哪里吗？

第一个原因，账号缺乏鲜明的特点。

有些人为了图省事，大量搬运素材或者抄袭他人作品，原创内容很少，会导致系统减少推荐，用户也不会感到有什么特别，自然就不会点赞。

第二个原因，内容不够垂直。

有些人今天发午餐，明天则发一些旅游风景照片，把抖音当作朋友圈来用，相信这样做的人绝不在少数。

如果你还想在抖音上通过短视频来带货赚钱，那么一定要建立自己的鲜明标签，内容要做深度垂直。因为抖音6亿日活的庞大流量蛋糕，即使只分给你一小点儿，也足够让你吃到打饱嗝。

比如一个做手机壳短视频的账号，就在短短一个月内发布了近400个作品，每个作品的脚本都是极其相似的，除了配乐会有个别调整外，镜头视角、人物动作、产品都高度雷同。但这个账号却获得了不少流量。

有人问，如果自己抄自己会被判定为抄袭吗？显而易见，你并

不需要担忧这些。用行内人的话来讲，就是"聚焦方向，内容做好，大力出奇迹"。

优化方案：如何巧用数据提升内容质量

以下这个作品的播放量有60万次，点赞数6.1万次，评论755条，收藏4288次，转发2505次。

看了这些数据，你觉得这条视频好还是不好？

如果想通过数据去判断视频的质量，一般来说，普通的账号分析播放量、点赞率、评论率、转发量等数据即可。

可以选择使用以下这个表格，一般选择视频发布24小时或者48小时的数据进行分析，方便做横向的对比。数值越高代表质量越高，系统会持续推荐，反之则减少推荐。

视频质量表格计分

（总分 40 分，25 分以下为低质量作品）

播放量	2万次以下：2分	2万~5万次：6分	5万~10万次：8分	10万次以上：10分
点赞率	3%：2分	5%~8%：6分	8%~10%：8分	10%以上：10分
评论率	1%以下：2分	1%~3%：6分	3%~5%：8分	5%以上：10分
转发量（万次播放）	10次以下：2分	10~50次：6分	50~100次：8分	100次以上：10分

将这条视频的数据"播放量 60 万次，点赞数 6.1 万次，评论数 755 条，收藏数 4288 次，转发量 2505 次"代入表格中，可得出分数。

	数据占比	得分	总分
播放量	60万次	10分	
点赞率	6.1万次÷60万次=10%	8分	26分
评论率	755条÷60万次<1%	2分	
转发量（万次播放）	2505次÷（60万次÷1万次）=42次/万播放	6分	

综合分析来看，这条视频播放量达到 60 万次，也算是爆的。但在高点赞和高转发的状况下，评论率低，说明粉丝认可内容，但是留言动力不足，需要在作品当中及用户留言区中，多加强话题互动，引发用户吐槽和讨论。

再看这位视频作者的另一条视频作品，播放量是 2.2 万次，点赞数 513 次，转发数 22 次，评论数 70 条，收藏数 84 次。

	数据占比	得分	总分
播放量	2.2 万次	6 分	16 分
点赞率	513 次 ÷2.2 万次 =2.57%	2 分	
评论率	70 条 ÷2.2 万次＜ 1%	2 分	
转发量（万次播放）	22 次 ÷（2.2 万 次 ÷1 万次）=10 次 / 万播放	6 分	

综合分析来看，作品播放量相对较低，没有上热门，但转发量高，说明粉丝认可内容，认为内容对其很有用处，但是观点并不清晰，话题较偏。改进的方向是复盘选题的切入点，提高脚本水平，梳理清楚观点，引导正确的话题导向。总之，理性分析数据，感性大胆创作。

建议新手不要一开始就做长视频，因为长视频对创作要求比较高，没有足够多的创作经验，就先选择做短视频，以积累经验。

第三节　内容创作者必读：
快速上热门的六个小技巧

一、巧设矛盾和槽点，引发用户争论，尽力争取让其停留得更久

做带货短视频，最怕的不是上不了热门，而是完播率上不去。

从我们近期测试推广的一组数据来看，完播率和播放次数成正比关系，销售数据也与完播率成正比关系。

以下两种方法，简单又实用，大多数人都能学会。

1. 选题要有矛盾点

"婆媳关系""保大保小""我和你妈同时掉下水，你先救谁"等矛盾话题，在互联网上一直都是热门，我们把这类话题植入视频场景当中，就能产生意想不到的互动效果。

标题：直男求生之"多喝热水"
旁白文案：

女朋友来"大姨妈"，你说："多喝热水。"（女生表情沮丧）（画外音：求生失败）

正确答案：用两勺紫米酿，加入枸杞、红枣、红糖、银耳，温水冲开，对女朋友说："亲爱的，来喝点暖暖身子。"（女生露出惊喜的表情）（画外音：求生成功）

所以话题越有争议，越有吸引观众观看的魅力，但这还不够，还需要再添一把火。

请看下去！

2. 设置神评论

针对刚才"多喝热水"的话题，可以在评论区置顶一条探讨式的评论。

作者：兄弟们，女朋友来"大姨妈"，这种情况你们会怎么办？

神评论：直接发红包，1个100元，连发52个，再煮碗紫米酿鸡蛋，再烧个热水袋，最后坐她边上帮她揉肚子。

小号1：她一个月来一回大姨妈，我顶不住啊兄弟。还有其他好办法吗？

小号2：兄弟，领她去医院，医生会告诉她，多喝热水就行。她肯定听！

小号3：（小号2）肯定是个过来人，坦白吧，有没有被数落过，跪过键盘？

小号4：所以（小号2）应该变成前任了……

用这样的方式，抓住话题中的关键词，不断产生新话题，就可以不断延伸，把评论区的楼给盖上去。

这样把评论区变成聊天室，就会让人看得津津有味。翻开一条有上千回复的热门评论，看完前两条，你往往会忍不住点开"折叠"，查看其余的900多条回复，这是人类天生自带的好奇感在作怪。

假设一条短视频是20秒，翻完这几百条评论，起码要3～8分钟。在这期间，除非暂停播放，不然视频会不断循环播放，浏览播放次数自然就会不断增长，最终让完播率、复播率、评论率这三项上热门的重要数据得到大幅提升。当系统检测到这条视频的高人气时，自然就会多推荐。

所以，短视频带货多少，跟上热门与否关联度极大。

有人可能会问，为何不尝试用一些更具有争议性的观点来激活评论区呢？

诚然，争议性话题容易引发讨论，比如有人发表这样的观点"女生不喝热水能喝啥，矫情吧"，就引发了很多网友的抨击。虽然吸引了流量，但对于带货来说，却不见得是好事。

记住，我们是来卖货的，不是跟用户吵架的。你可以幽默，但切勿讽刺或阴阳怪气。因为平台规则里就明确要求不能有攻击性语言，否则会处罚。

所以，即使有用户提出异议，比如"这怕是骗人的吧"，作为作者也不可因一时意气与其争吵。这类用户并不是你的目标客户，不要花过多时间关注他，不跟他展开过于激烈的争论，以免被平台处罚。

二、开头抛出痛点，解决用户的问题

你想通过视频传达什么信息？你的视频作品能够给观众提供什么？

显然，只有当你的内容是观众所关心的，观众才有可能带着问题继续看下去，而当你能够解决他们的问题时，他们才会看了再看，点赞、收藏甚至成为粉丝。具体怎样分析痛点，可以详见第三招"解决痛苦"。

比如有位美食博主，通常会在视频里抛出一个个问题：

80% 的人做蛋糕失败，问题究竟出在哪儿？

为什么自己做的煲仔饭总是差点味道？

为什么你做的拔丝地瓜拉不出丝？

为什么在家做的鱼香肉丝没外卖的香？

......

这样开头就抛出用户的痛点，自然容易引起用户的兴趣，让他们带着解惑的好奇心去观看。

还有一些生活好物推荐的账号，也很善于从标题上告知用户可以解决的问题，来激发观看的欲望。

比如：

教你 4 个快速做早餐的妙招；

100 个超实用的装修省钱小技巧；

90% 的人都不知道的生活小妙招；

教你 3 招，洗被子又干净又省事；

......

这种实实在在的日常生活技巧分享，还是很容易吸引到一大批粉丝的。

三、多选热门爆款商品，聚焦单品密集创作

这个技巧适合大部分没有货源的普通人。举个例子，我们打开抖音，搜索"抖in爆款榜＋发夹"—"商品"—"女士发夹爆款榜"。

然后打开发夹爆款榜单，如果你开通了橱窗功能（目前开通条件为：实名账号验证、缴纳保证金、开通支付账号），就可以在选品市场，挑选销量高的一款产品来上架分销，也就是挂小黄车（购物车）。

这样做有什么好处呢？

第一个好处是，爆款商品有自带的热度和流量，这样解决了前期流量不足的问题。

第二个好处是，操作成本低，就算你拿别人的视频照着来拍，也一样能获得一定的流量加持。如果能坚持一个月做一个单品，每天都发这款产品的 4 ~ 10 条短视频，往往也能获得出乎意料的销售效果。

很多人几乎是零基础小白，觉得短视频带货很高深，在开始时会非常谨慎。如果你和大部分人一样，没货源、没人脉，那么不如尝试下这样的做法。比如山西阳谷县的一个人，挑准了一款热销的防雾擦布，每天都照着脚本模板，使劲擦玻璃、擦鞋子、擦桌子……

30天一个号只拍这款爆款产品，结果天道酬勤，一个月能卖出几百单，抵得上一个月工资了。

当然选品也是有要求的，如果你不是很有经验，那么尽可能在抖音销售榜里，找准一款爆款产品。这款商品要符合应季性、受众广两大特点，找到这样的商品后，你就可以多拍作品了，并且根据数据表格，不断地进行优化。如果你还会一些投放 dou+ 的技巧，那更是如虎添翼。

四、灵活把控时长，固定发布时间段

如前文所提，一般情况下，视频时长最好控制在 10 秒到 20 秒之间，或者 8 秒到 15 秒之间，这两个区间的视频完播率是最高的。

如果你的账号粉丝数量超过 5000，你可以在抖音后台看自己账号的粉丝画像，以此来推算哪个时间节点推送有更多的播放浏览量。

如果你的账号粉丝数量少于 1000，也不要失望，我给你罗列了生活好物号的固定发布时间段（如下），你可以根据自己的时间来做定时发布。

6：00~8：00

11：00~14：00

16：00~19：00

21：00~23：00

有人坚持每天固定发布 4 条视频，分别在 6 点、12 点、17 点、22 点，大概两个月的时间，就累积了 2 万多的粉丝，带货口碑分也起来了。

五、dou+ 投钱快速起号

这种方法适合有一定基础的人，特别对内容创作、产品卖点、用户画像都有较深的了解，说白了就是"找到了手感"。

技巧并不复杂，就是要以一款商品为表现对象，用同一个脚本精心制作出最少 8 个短视频作品，通过剪辑，让这些视频的画面有细微区别，但大体上背景、动作、旁白文案都相近。然后，就是做好编号分次发布这 8 条视频。如果你的账号粉丝数量大于 1000，可以一天发 2 ~ 3 条。每一条都投 dou+（起步 100 元，投放时间 24 小时，选择播放浏览套餐），然后用表格将 8 条视频的作品数据做好监控，如果 5 秒完播率能有 28% 以上（越高越好），播放量达到 1000，那说明这条作品值得追投 dou+。

如果你的账号粉丝数量少于 1000，则可以花费 100 元一次投放 5 条作品，设定时间 24 小时，消耗至 50 元左右，看哪一条作品消耗最多，那就停止批量投放（把作品权限设置为私密状态，即可停止投放）。再单独投放这一条消耗最多、数据最好的作品，往往能取得不错的效果，这就是赛马机制。

一般来说，能累积到 5000 粉丝，随便发一条作品，也有 500 多次的播放量，才算是稳了。之后要保持不断更、作品质量不下滑，维护优质账号的标签。

这样做的好处，并不是为了快速起号，而是为了测试账号的创作方向以及 ROI（转化率），形成稳定的内容脚本模板。

当然了，你可以挂上小黄车（购物车链接）或者在标题、用户留言写上"你快去商品橱窗看看啊！"，万一视频爆了，至少也能赚回来一点投流的成本。

小贴士：抖音官方经常有流量优惠券的活动，比如满 100 元赠 50 元、1 元抢 100 元流量等，千万要留意，不能错过！

六、巧用官方数据提取关键词，打造有效引流的标题文案

抖音平台每天可能会产生 4 亿次的搜索，如果用户搜索牛排，那么关于牛排的创作视频可能有数百条，甚至成千上万条。凭什么你创作的视频能够排在前面，优先展现给用户呢？

这个时候标题的关键词逻辑就尤为重要了。

首先，抖音短视频平台的推荐算法逻辑基本如下：

机器解析→提取关键词→按照标签推荐→实际推送给相关用户→用户点击反馈。

其次，从推广层面来说，抖音在推视频给用户时，最直接、有效的根据就是短视频作品的标题、描述、标签和分类等。而平台对文字信息解析的优先度和准确度，都高于图片和视频。

最后，从用户层面来说，用户越来越习惯在抖音平台主动搜索内容，整个平台一天可达 4 亿次的搜索量。抖音对用户关注的

热点具有天生的亲近感，如果你的短视频标题中的关键词能蹭上热点，就能吸引用户停留，平台自然会对你的作品青睐有加，加以扶持。

目前来说，15字以上的标题，是比较主流的带货标题长度。

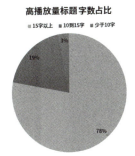

高播放量标题字数占比

■ 15字以上　■ 10到15字　■ 少于10字

3%

19%

78%

15字以上的标题带货效果更佳

字数越多的标题信息量越大，越容易被系统检索和推荐

吸引眼球的带货标题有三个特征：

1. 抓人眼球：善用容易引起注意力的词

惊叹词	让人惊讶的、事实上、宣布、奇迹、真相、揭开、内幕、秘密、震惊、爆炸式、不后悔、重要决定、疯狂……
疑问词	为什么、如果、难道、居然、简直、难怪、如何、怎样、当初、难以置信、真的、结果……
懒人词	快速、轻松、简单、增加、省钱、舒适、赶快、额外、有效、获得、改变、避免、划算、提高、礼物、赶快……
好奇词	非常特别、令人兴奋、保证、发誓、真正、天花板、隐藏、秘密、精彩、真相、天才、想象一下、你想不想、哭了……

2.激发兴趣：嵌入用户主动搜索的热点关键词，科学地蹭热度

第一个方法是借用关键词，蹭热门话题。

打开"巨量算数"网站 https://trendinsight.oceanengine.com，打开"算数指数"，输入你想查询的产品或场景的关键词。

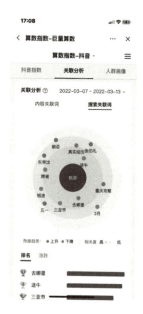

比如搜索"旅游"，发现"旅行日记""看风景""逛街""旅游攻略"等内容关联词属于上升状态，那就在标题中嵌入此类关联词或话题，如"五一旅游攻略""春季旅行日记"。

这也属于蹭系统热度的实用小技巧，也可以蹭到用户的主动搜索流量。

第二个办法是借用关键词，蹭热度。

比如"冰墩墩"这个词非常火爆，就可以考虑把这个热词融入你的产品文案中。

比如：

卖热豆浆："早上起来手脚冷成冰墩墩，不如来一杯热乎乎的豆浆。"

卖加绒夹克："广州人这次不羡慕冰墩墩，大白天直接飘雪了，室内室外温度都能把人冻哭了。穿上加绒夹克，与雪来次亲密接触吧！"

3. 制造梦境：给用户描绘使用产品的美好情境，让其欲罢不能

简而言之，就是描绘出能给用户带来什么利益，为其制造美好梦境。

为了方便使用，特奉上十一个小技巧：

巧设悬念 释义：嫁接生活场景，拉近对方的心理距离，使其降低防备心，继而暗示/提示对方行动起来	剧情类： 我们把一箱硬币放在南京街头，供1万名路人自取，结果出乎意料，记得看到最后…… 养生类： 早上起来手脚冷成冰墩墩，不如喝杯热水，但你知道有啥好处吗？答案在视频里！ 服饰搭配类： 秋冬千万别买的显胖单品都在这儿了，看你踩了几个雷？ 电器类： 吸尘器 VS 洗地机，清洁工具怎么选？现在有标准答案了！
适度夸张 释义：对商品的特征、形象、作用等在某方面进行夸张，诱发关注	清洁类： 刷锅好物推荐，一片用3年都不破！不沾油、不变脏发臭 零食类： 就是无法抵挡这个鸭胗的魅力，肉质Q弹紧实，全家老少都爱它，朋友吃了也喜欢，没办法我又囤了10箱 调味类： 还没开锅就鲜掉眉毛的一锅鲜，还不快安排上？

巧用数据 释义：利用数字来创作标题，可以让视频的信息更加清晰明确，降低用户的认知门槛	内衣： 我的妈呀，这个价格太赞了！超过130斤别买，刚发育的小女生，穿它，也太舒服了吧，3个月换一次，否则影响体型，拍两件更划算
	火锅底料： 地道老重庆火锅底料，一袋一块五，一袋能做一大锅。
	健身达人简介： 身高160厘米，初始体重138斤，现95斤，没有运动，纯饮食减重43斤，不卖减肥药，没有食谱，周一至周六中午十二点直播分享经验
	瑜伽拉力绳： 87岁的老爸，59岁的女儿，21岁的孙子，一起开肩美背，全家一起锻炼最幸福
制造对比 释义：没有对比就没有差距，创造对比，扩大反差，让用户兴奋冲动起来	微醺小酒： 喝奶茶的女人闺蜜多，喝啤酒的女人朋友多，喝白酒的女人故事多，姐妹们你们喝什么？
	儿童西装： 儿子没有穿过西装，你永远不知道他有多帅
	清洁用品： 有一块好用的厨房抹布，打扫卫生轻松多了，它吸水吸油好清洗还不掉毛，10条才一杯奶茶的价钱
对话式 释义：用知音对话的方式，向对方靠近，把话说到他的心里	护肤品： 教你们一个快速摆脱粗糙，提升皮肤精致度的方法，猕猴桃变水煮蛋
	清洗剂： 宝儿，你一直在"污水"里洗衣服！现在是时候给洗衣机"洗洗澡"了
	减脂餐： 你还在啃黄瓜吗？试试这个低卡低脂的芙蓉鲜蔬汤，暖心暖胃、营养好喝
	美食号： 天天都要想菜谱，你会不会像我一样觉得太麻烦？

痛点 + 欲望点 释义： 痛点是用户恐惧、害怕、不被满足的需求 欲望点是用户从视频中获得什么即时利益	洗碗机： 低成本入手千元洗碗机，用做家务省下来的时间来感受生活乐趣吧 润唇膏： 和我一样不喜欢涂口红，但是嘴巴又干，唇色又不好看的，可以试试这款 AD 水光轻盈润唇膏，滋润保湿防干裂 肥皂： 家有淘气的孩子每天都有洗不完的脏鞋子、脏衣服，看别人都在用这个肥皂，我也跟风买来试试，效果真的很好，推荐给你们 家庭装纸巾： 有孩子的家庭就是用纸大户！收到这样一大箱纸巾能用一年吗？5 层加厚随便挥霍都不心疼
特别建议 释义：聚焦用户特征，让对方感到视频内容跟自己相关，不能错过	原标题：怎样穿衣显高 改造后：155 ~ 160 厘米的女生怎样穿变高挑？ 原标题：不要让孩子输在起跑线上 改造后：今天宝宝说想要上学。要准备他长大后念常青藤学校的学费了 （其他应用） 毛孔打底棒： 人生建议！化妆师一直在用的妆前打底，化妆也遮不住脸上坑坑洼洼的女生可以试试这一个 敏感肌护肤品： 谁说孕妇护肤品只能孕妇用！完美贴合敏感肌护肤需求 涂鸦画板： 不要孩子一哭就给他看手机，大人是省事了，但对孩子不好。给个液晶画板能玩半天，一键清除还不脏手 玻尿酸面膜： 别说没提醒你，皮肤保湿工作很重要，尤其是这个季节
说真话 释义：不说虚话，把观众当闺蜜，真诚又真实	调味酱： 原来广式茶点里的豉汁蒸排骨这么简单就能做出来！回家做给你爱的人吧 烧烤撒料粉： 鸡蛋豆腐的新吃法，你肯定没有见过，外脆里嫩麻辣鲜香，巨好吃

威胁对话 释义："如果不这样，会产生怎样的后果"。从最坏结果出发来构思	收纳盒： 不懂得收纳的女人，日子过得太粗糙，男朋友最后离她而去！ 职场课程： 面试千万不能做的4个小动作！ 讲车分享： 刚拿到驾照的新手，侧方停车千万不要做这两件事
提问式 释义：以问题句式，勾起观众的好奇心，让其忍不住购买	旅游： 如何只花300元在杭州疯玩三天？ 团购： 告诉你怎样只花30元就可以在五星级酒店里吃到撑 游泳班： 你游自由泳是不是老呛水，鼻子喉咙老酸？
从众心理 释义：利用大众趋利避害、相信权威的心理，用"名次""畅销"来打动观众	跑鞋： 上个月火爆卖断货的4款AJ，你想穿穿吗？ 意面： 荣获2019年米其林一星推荐的意大利面，现在鹏城可以吃到了

小贴士：在背景音乐选择上，也是可以下点功夫研究的。

在抖音作品界面，"选择音乐"—"飙升榜"，选择前十以内的歌曲配乐，音乐要能跟你视频的基调、节奏相吻合的。为什么不直接选"热歌榜"，而是"飙升榜"，是因为前者热度已经到达最高点，容易盛极而衰，而后者被推送给用户的概率则处于上升趋势。这些基于抖音算法和用户画像标签得出的成果，一定要善于利用！

创作灵感篇

小 结

一、抖音热门密码

1. 判断上热门的六项指标

完播率大于 30%	由视频开头的精彩程度和内容结构吸引力决定
点赞率大于 3%	作品的质量决定了用户的点赞、收藏数量的多少
评论率大于 0.4%	让用户忍不住表达意见，和你互动沟通
转发率大于 0.3%	设计好解决方案，让用户有转发的欲望
复播率大于 0.3%	让用户看完一遍还不够，再来几遍
粉占比大于 1 : 6	账号要够鲜明、够垂直，一个号只需要干好一件事

2.优化方向：视频质量表格计分法

播放量	2万次以下：2分	2万~5万次：6分	5万~10次万：8分	10万次以上：10分
点赞率	3%：2分	5%~8%：6分	8%~10%：8分	10%以上：10分
评论率	1%以下：2分	1%~3%：6分	3%~5%：8分	5%以上：10分
转发量（万次播放）	10次以下：2分	10~50次：6分	50~100次：8分	100次以上：10分

二、内容创作者必读：快速上热门的六个小技巧

1.巧设矛盾和槽点，引发用户争论，尽力争取让其停留得更久

2.开头抛出痛点，解决用户的问题

3.多选热门爆款商品，聚焦单品密集创作

4.灵活把控时长，固定发布时间段

5.dou+ 投钱快速起号

6.巧用官方数据提取关键词，打造有效引流的标题文案

TIP 　　　　　　　请你马上行动！

　　多想不如多做，让我们每天精进一点点。

　　根据本章内容，在抖音爆款榜中挑选一两款产品，用第二个小技巧（开头抛出痛点，解决用户的问题），以开头提问的形式，拍 10～20 条时长 8～15 秒的视频，然后分 5 天完成发布！

创作实战篇

短视频高效带货的秘诀,在于每一个镜头,每一句话,都是为了提高转化率而精心设计出来的。

第九招　洗脑脚本：低成本批量产出爆款

第一节　疯狂卖货的秘诀在于脚本，
而不是昂贵的拍摄器材

随着抖音、快手、视频号等几个短视频平台的火爆，拍短视频逐渐从明星网红的专属，开始成为很多人的基本技能。对大多数人来说，这也是一种非常有价值的自媒体形式，无论是卖货还是广告，都可以直接产生收益。但是很多人在做短视频的时候，却忽略了脚本的重要性。

虽然短视频短则七八秒，长则不过二三分钟，但脚本的重要性是毋庸置疑的。很多火爆的短视频，无论是情节式的，还是口播方式的，其中的每一个镜头、每一句话，都是经过精心设计的，都要事先打磨好草稿，也就是脚本。

在这个章节里，我们将针对新人讲透如何做好短视频中的脚本。而这也几乎是所有短视频从业人员必须掌握的基本技能。能不能把货卖好，往往取决于你的文案是否匹配视频场景，能否呈现出产品亮点，并直接打动用户。

记住，假如我们要在短视频平台做投放、做带货，那就一定要摸清付费人群的阅读喜好、消费心理。一般来说，抖音上每一个垂直领域的视频都有固定的特征，包括用户的阅读喜好、浏览时长、话题关注等等，如果你不清楚自己所选定垂直领域的视频特征，那么建议你打开巨量算数网页版，依次选择"垂类洞察"—"垂直领域"—选择你所在的板块—"内容分析"—"内容消费分析"—"视频时长占比分布"—"内容消费者画像"，了解你所选定垂直领域的视频特征。

比如亲子领域，完播率最高的为 0 ~ 15 秒的视频，31~40 岁用户占比超过 36%，男女比例占比持平，且三四线城市用户比例超过 50%。此时你就可以依据本书第一招"锁定人群"来描绘目标受众画像，再根据受众画像，围绕产品卖点，来创作符合他们喜好的带货内容。

如果是其他的领域，也可以依葫芦画瓢，找出适合自己的创作方向。

第二节　"3815"带货脚本爆款模型：
小白照着抄也能出高分作品

我们曾在"第七招：建立创作'军火库'"中提及如何三步拆解一个带货短视频，其实这也是脚本创作的三个必要步骤。

在长推文带货时代，我们的内容带货逻辑是"引发注意—激发欲望—建立信任—马上成交"。这个逻辑模型曾经卖出数以亿元计的爆款产品，在切换到短视频赛道后，这个我们曾经认为万能的内容带货逻辑不大行得通了。

经过多次失败，付出惨痛代价后，我总结出一个经验：短视频的节奏太快，作品竞争激烈，加上观看短视频时人们更容易滑走，而非公众号推文时代的沉浸式阅读，导致没有足够的时间和篇幅，来为卖货做详尽的规划铺垫。所以，我们只能聚焦、聚焦再聚焦，一个作品最好只讲 1～2 个必提需求即可，并且挑选的卖点都是要能视觉化呈现的。但凡是烦琐复杂的卖点，又不能简化为大白话的，不能以视觉画面来呈现的，一律少讲或者剔除不要。

而依据用户观看视频时的注意力变化曲线，开场 3 秒的吸引力越强，用户就越愿意为视频付出更多的时间和注意力，这样视频的完播率就越高，视频的质量就越好，带货数据也会相应提升。注意力曲线如下图所示：

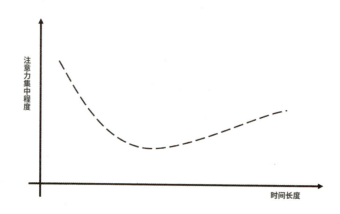

由此，我们总结出这套"3815"带货脚本爆款模型。

重视开头：3秒抓人入戏	直接戳中目标用户需求，让他无法挪开眼睛
价值亮点：8秒制造高潮	尽可能强化用户好奇心和购买欲望
促使行动：15秒触发行动	悄悄催眠用户，对他下达行动指令

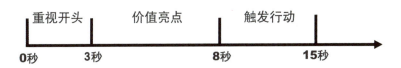

如何判断自己作品的开头有没有做好呢？可以打开后台，采取这样的操作："我"—"创作者服务中心"—"数据中心"—"作品数据"，查看一则短视频作品的"播放时长诊断"，横轴为短视频播放时长，竖轴为仍观看用户比例，此数据图表是表示播放到多少秒，用户还停留观看，并没有滑走。

橙线为你的作品之用户阅读留存率，蓝线为同类作品的平均用户留存率。假如你的作品曲线低于同时长热门作品，就表明

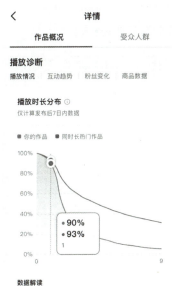

这个作品对于观众来说，并没有产生让他们看下去的欲望。

比如右图，官方给出的数据解读提示，"第2秒仍继续观看的用户比例由上一秒90%降低至44%，降幅为46%，建议优化作品第2秒前内容"，意味着黄金开头3秒没做好，没有把观众留住，则需要再复盘优化。

案例：微胖大码女装搭配脚本

大码女装的带货逻辑非常清晰，就是针对微胖女生的烦恼来提可行的、实用的穿搭方案。如果你想做服饰类的作品，可以多加关注此类型博主达人。

重视开头：3秒抓人入戏	有没有跟我一样的姐妹，平常穿这种普通的半裙，从正面看，除了有假胯宽以外，真的还好，但是从侧面看真的好闹心啊，更别说这种弹力鱼尾裙了！侧面看，我像怀孕3个月的孕妇
价值亮点：8秒制造高潮	但这条鱼尾裙真的拯救了我，当时穿着的效果真的惊呆我了！ 从正面看这里完全不会显胯宽，然后就是你们最关心的侧面，没有吸气也没有穿束腰，给你们看一下我的肚子。搭配小蓝风，精致又高级；搭配大衣简约大气，搭配这种咖色风衣，妥妥的韩剧女主
促使行动：15秒触发行动	冬天要到了，微胖女生不要烦恼怎样穿搭啦。更多微胖女生穿搭，今晚直播间我告诉你……

以下是"3815"带货脚本模型的使用技巧，为了大家更好理解，我们再演示如何应用到实战当中！

一、重视开头：3秒抓用户入戏，直接戳中目标用户需求，让他无法挪开眼睛

技巧1：向用户兜售问题＝深挖问题（产品要解决什么问题）＋最心烦场景（这个问题里面最令人心烦的场景是什么）＋放大恐惧（问题不解决会导致什么最坏的后果）

适用产品范围：容易诱发焦虑问题的改善型产品，比如洗发水、卸妆巾、清洁用品、职场课程、技能书籍等。

案例1：一次性洗脸巾

最心烦场景：毛巾洗脸	求求你们不要再用毛巾洗脸了，这么多博主这么多年都在说毛巾伤害皮肤，你们咋就不信呢？我再说一遍
深挖问题：伤害皮肤	这种毛巾伤害皮肤不说，还很容易滋生细菌螨虫
放大恐惧：顶着烂脸	从而感染我们的皮肤，导致粉刺痘痘，大热天顶着这么张脸出门，有你好受的

案例2：祛螨虫痘凝膏

深挖问题：螨虫脸状况	据说螨虫脸长这样（画面：展示脸部细节），毛孔粗大，黑头在脸上"开派对"。手一摸全是油，痘痘反反复复，有以上肌肤状况的朋友可要注意了
放大恐惧：螨虫造成的危害大	过量的螨虫堆积会刺激毛囊、皮脂腺分泌更多的油脂，导致皮肤变得油腻，螨虫堆积也会产生大量的代谢物，再加上代谢物不能及时排出体外，会使毛孔被撑大。螨虫在毛孔里穿梭的同时，还会把各种细菌和污染物质带进皮肤组织，导致粉刺、痘痘等。
最心烦场景：重要约会	姐妹们，你们想打扮得漂漂亮亮的，画着精致的妆容，结果却顶着疙疙瘩瘩的草莓鼻去约会吗？

案例3：口臭清新茶方子

最心烦场景：说话口臭	口臭的人，一张嘴就会让人后退两步，自己都不好意思说话
放大恐惧：刷牙不管用	一天刷三次牙，好像也不管用，早上起床都是被自己熏醒的
深挖问题：脾胃温热	其实从中医角度来讲，口臭属于脾胃湿热，消化不良引起的胃功能减弱

小贴士：脾胃湿热、消化不良等词语，目前在抖音平台属于功效词语，属于"违规限流"范围，除非你获得了平台的专业认证，比如执业医师等，否则还是要慎用。

如果你真的不得不用，那么可以这样做低风险化处理：

最心烦场景：说话口臭	口臭的人，一张嘴就会让人后退两步，自己都不好意思说话
放大恐惧：刷牙不管用	一天刷三次牙，好像也不管用，早上起床都是被自己熏醒的
深挖问题：功能减弱	其实古人已经告诉我们，口臭是因为这里出问题了（动作：拍拍肚子），功能减弱所导致的

技巧2：贩卖美好结果＝美好新定义（产品能带来什么美好感觉）＋最心动场景（最令人心动的场景是什么）＋描绘美好（把心动场景具体描绘出来）

适用产品范围：更看重体验过程的改善型产品，比如服饰、美妆、护肤、家居用品、家具物品等。

案例1：调香型沐浴露

美好新定义：用香水洗澡	用几百块钱的香水来洗澡会是怎样的体验呢？
最心动场景：洗完有体香	××家的沐浴露，是我见过为数不多能够达到香水级别的沐浴露，它有多个香型选择，每一款都由国际大牌调香师亲自研发，洗完澡就像喷了香水一样，散发优雅体香
描绘美好：沐浴露的感官描绘	我很喜欢他们家的这款深蓝，男生女生都能用，前调是清爽的香，柠檬后调是很沉稳的木质香，味道有点像我女朋友很喜欢的一款香水，加上透明的质地，真的很适合这个炎热的夏天

案例2：女生"小心机"发夹

美好新定义：让头发变蓬松的发夹	女生人手一个的好东西，就是这个可以让头发变得蓬松的发夹
最心动场景：随便动也不影响	头顶的头发很扁的话不好看，对不对？你就拿这个夹子这么一夹好，然后该干吗干吗去，出门之前拿下来头发就蓬松了
描绘美好：发夹的使用体验和价格对比	它不像那种普通的夹子，它夹过的头发是完全没有夹痕的，非常自然。我之前在拼多多上买的是5.8元一个，但这个更便宜，而且质量比前者还要好

二、价值亮点：8秒制造高潮——尽可能强化用户好奇心和购买欲望

技巧1：对比认知 = 设置参照物（能与产品功能关联的事物）+ 事实证据（怎样证明确实更加优秀）+ 放大好处（告知用户能带来什么更好的利益）

适合产品范围：侧重需要通过试验对比来呈现使用效果的产品，如清洁用品、床上用具、家具物品、美妆护肤等。

案例 1：祛痘泥膜

设置参照物：使用前后对比	（使用前）你看看秋冬天的脸能爆皮成啥样，还有密密麻麻的黑头啊 （使用后）不过使用完这个脸真的好润呢，还有这个鼻头，简直如获新生啊
事实证据：亲身测试演示	涂上去后等 15 分钟，然后用洗脸巾洗脸，脸上的泥膜轻轻地一擦就掉了。你看毛孔里的黑头、污垢全部都浮出来了，用粉刺针的刮头轻轻一刮，哇，这么多脏东西啊
放大好处：展示清洁细节	清洁之后的脸是不是水润通透？鼻子简直太干净了。不管人长得什么样，干干净净的脸是最基本的

案例 2：菌菇汤包

设置参照物：牛肉炖汤更有营养	很多人冬天吃牛肉都是炒着吃，但像我这样炖汤喝才能发挥出它的功效
事实证据：烹饪过程植入菌汤包	首先把牛腩切块，冷水下锅，搭配几个牛排骨，加葱、姜、料酒煮出血沫，捞出来清洗，这一步很关键，如果用冷水洗那就大错了，那样肉质瞬间就会收缩，久炖不烂，你得用 50 摄氏度的温水洗。洗干净倒入砂锅，准备一包松茸菌汤包，用温水泡几分钟，再清洗干净，装入锅中加开水是重点，而且要一次性加满，接着放两片姜，扣盖炖一个小时，最后加盐调味，撒上枸杞、葱花
放大好处：好吃、滋补、暖身子	这样炖的牛肉汤，大人小孩都爱喝。这么冷的天，喝了还真管用，经常喝的人，秋裤都可以少穿两条

技巧 2：建立共同情绪 = 你我相似点 1+ 你我相似点 2+ 你我相似点 3

产品适用范围：容易触发共鸣（情绪、场景）的体验型产品，如教育课程、职场技能、服饰穿搭、特定场景的美食等。

案例1：弹力鱼尾裙（微胖版）

你我相似点1：羡慕明星身材	跟着明星学穿搭，你们应该都刷到过这个明星的视频吧。真的太美了，这身材简直太完美了。作为像我们这样的微胖女生，确实有点不太敢想，而且穿上去肚子还会显大
你我相似点2：对美的向往	可我还是没忍住买回来试试，穿上去好看是好看，但是这大肚子藏也藏不住啊
你我相似点3：微胖身材困惑	不对啊，我可以改版啊？不能让它贴肉，下摆一定要微宽松，不能包着屁股呀。而这腿开叉也开得太高了吧，我害羞。泡泡袖也有点大，肩宽怎么办？
你我相似点4：遮肚显瘦美美哒	立马安排，改一件样衣出来。嘿，你还真别说，改后的效果前凸后翘，同时一点儿也不用担心我的大肚子、大屁股，这样穿谁能看出来我有120多斤呢？

案例2：孩子注意力训练课程

你我相似点1：工作忙疏忽孩子的学习	我有一个特别聪明的孩子，学东西也很快，但是到了三年级，我跟孩子爸爸工作忙，疏忽了对孩子的关心，孩子自控能力开始下降，而且面对学习有些畏难情绪
你我相似点2：尝试矫正而受挫	老师在班级群里好几次提醒，孩子上课容易走神，作业潦草马虎，连考卷上也是错字、漏字一大堆。我们也试过加紧督促孩子矫正，每天无论工作多忙，我和老公一定要有一人来辅导孩子写作业，可是效果真的很差，孩子经常受不了闹脾气，我俩也因此吵过几次架，甚至差点闹离婚……
你我相似点3：必须有专业办法	那时候我俩就渐渐明白，爸爸妈妈对孩子的教育和关心真的很重要，陪伴孩子成长的同时，也需要掌握一套专业的教育方法

案例 3：口腔清洁漱口水

你我相似点 1：分清是肠道问题还是口腔问题	你可以用后舌根舔一下手背，等它干了以后，闻一下，如果是酸味儿的话，那就是肠道有问题，你喝多少漱口水都不管用，你得去医院看；如果是腐烂味道的话，那就是口腔的问题，你用漱口水和口喷就管用
你我相似点 2：食物残渣在牙缝里发酵，需要用漱口水	漱口水在应对口臭中占有相当大的比重。我们在吃完东西之后，觉得自己全部都咽下去了，但其实有很多食物残渣会停留在你的舌头上，还有牙缝里面，20 分钟后它就会发酵，尤其是奶制品，发酵得更快，关键是我们自己不知道，所以，你就得用漱口水把它漱出来
你我相似点 3：食物残渣累积时间长形成牙菌斑，只能洗牙	我们吃完东西后嘴里都会有食物残渣。很多人年纪轻轻的，牙缝也是黄的、黑的，就是因为吃完饭不漱口，食物的残渣累积在牙缝里面，时间长了，就会形成牙菌斑，然后你再怎么刷也刷不掉，唯一的办法就是洗牙

三、促使行动：15 秒触发行动，悄悄催眠用户，对他下达行动指令

技巧 1：摊分成本（降低决策成本）＝ 客单价（购买产品花了多少成本）÷ 使用天数 / 次数（购买后能用多久）

产品使用范围：几乎适用于任何产品的销售（带货、直播、引流）行为！

案例：陈皮

都说陈皮贵，这样算下来，真的不贵。有人说买了半斤，是不

是两天就喝完了? 今天给大家看一看, 我们这半斤陈皮到底有多少, 告诉你们, 只会多不会少, 这一瓶整整半斤, 每次你只需要用这么一小片就可以了。这意味着你至少能喝半年, 每天不过 1 块钱。

技巧 2: 叠加收益 (提升收益认知) = 价值锚点 1+ 价值锚点 2+ 价值锚点 3

案例: 莫兰迪色系收纳箱

价值锚点 1	顾客: 老板, 来个装书箱子多少钱? 主播: 59 元
价值锚点 2	顾客: 再来个装零食的 主播: 两个还是 59 元
价值锚点 3	顾客: 行, 那再来个装玩具的 主播: 能当凳子坐, 三个还是 59 元
价值锚点 4	主播: 再给你一个车载用的, 4 个还是 59 元
价值锚点 5	顾客: 那再加两个袜子收纳盒, 看你还嘴硬不? 主播: 就算 6 件, 还是 59 元
行动指令	顾客: 整整 6 件套, 才 59 元, 跟我开玩笑吧? 主播: 谁跟你开玩笑, 今晚来我直播间抢就是了

这很像以前特别火爆的电视购物节目, 主持人拼命怂恿品牌方要为顾客省钱, 砍价格, 而品牌方皱着眉毛苦着脸, 一次又一次无奈地点头答应。让顾客产生一种"过了这村没这店"的迫切感, 使其产生购买行为。

技巧 3: 心理账户 (使购买合理化) = 购买者 (是谁掏钱下单购买) + 使用者 (使用后能获得什么) + 额外收益 (产生购买者意想不

到的额外收获）

案例：儿童益智手工玩具套装

购买者：爸爸工作忙但也想陪伴孩子成长	很多爸爸虽然工作很忙，但其实内心非常想陪伴孩子。这套科学喵小手工，让爸爸们花少量的时间给孩子高质量的陪伴
使用者：爸爸和孩子一同玩	这里面的每个手工都需要爸爸带着孩子一起涂鸦、拼装，可以参照说明书或者视频动画，爸爸还能给孩子讲解里面用到的科学原理，5 岁的孩子就可以玩儿
额外收益：培养孩子兴趣，父母陪伴孩子	不仅能锻炼孩子的动手能力，培养孩子对科学的兴趣，更重要的是，它能让爸爸在工作之余每天都和孩子更亲近一点。其实，孩子想要的快乐很简单，只不过是父母多一点的陪伴

尽管这款商品的单价接近 300 元，但在抖音上火爆得很，累计已经卖出 17.6 万单。这主要是运用了心理账户的原理，原本这种手工纸玩具并不是必需的，而且定价也不便宜。但它能让父母跟孩子一起享受亲子时光，让孩子在玩耍之余，还能得到有益引导。在这种导向之下，家长往往会更容易因少陪伴孩子的"亏欠感"而乐意买单。

第三节　内容创作者必备的四个热门创作模板

一、结论优先型模板：结论—依据—举例—总结

1. 解释

这个模板最大的特点在于优先展示结论（精华），来引发用户

的兴趣和关注，然后随着时间的推进，其对内容的理解和认同也将不断加深。

步骤如下：

首先，把精华内容放在开头，以此吸引用户往下看；

其次，附上能证明结论的依据，可大幅度增强内容的说服力；

再次，通过列举实例，来描述自己或他人的经历、具体场景等，规避枯燥难懂的内容，促使用户更好地理解和接受；

最后，以一句话做总结，再次强调主题，前后呼应。

2. 实战演示

第一步：展示结论："199元的抖音团购餐真划算呀！"

第二步：筛选相关信息。

团购套餐里有什么？	价位怎样？	适用多少人？
味道有多好吃？	主题：199元的抖音团购餐	平常生意如何？
菜品有何特色？	在什么地方？	使用时间有什么限制？

第三步：思考目标用户是谁。我们将其锁准为"周边上班的年轻白领"。

第四步：假定用户的反应是"点赞，并且下单购买团购套餐"。

第五步：考虑如何让用户心动，包括"向年轻人推荐团购套餐的理由"。

第六步：按采集到的信息，进行文案填空即可。

结论	抖音上的199元套餐真的太划算啦
依据	抖音团购价199元，一条蒜蓉大龙虾，三个海鲜，共四个菜，饮品、米饭全都算在内，怪不得这家海鲜楼挤满了人
举例	老板是个实诚人，海鲜都很新鲜！比如我们这个大龙虾，肉全都不粘壳，顾客一吃就知道，炒梭子蟹肉质肥美鲜嫩，高岩清蒸鱼很入味，这个椒盐水潺里面是豆腐鱼，味道很赞。还有霉干菜扣肉卷，外脆里香，做法很特别，素菜有冬腌菜炒冬笋、芙蓉蒸蛋、炒时蔬，这一桌适合四到六人吃
总结	在杭州，你还能找到比这更划算的吗？

如果觉得自己的内容结构松散，或者经常被质疑"没讲到重点""不知所云"，那么不妨试试这个结论优先型模板，让主线明晰易懂。

二、信息列举型模板：观点概述—列举1—列举1—列举3—总结

1. 解释

适用于具有多重信息的内容创作，关键在于开头点名题目及列举信息，当然信息控制在2~4个为佳，比如"3个小心机""有4个要点""这3点千万不能忽视"等，过多则因信息量过大，用户很难理解吸收。

2. 实战演示

第一步：选题。"跳绳3个月的脸部变化"。

第二步：筛选相关信息。

眼睛	鼻梁	下巴
双颊	主题：跳绳 3 个月后，女生脸部的 8 个惊喜变化	体脂率
脸庞	皮肤状态	嘴巴

第三步：思考目标用户是谁。锁定为"轻度肥胖青年"。

第四步：假定用户的反应是"正向评论，下单购买"。

第五步：考虑如何让用户心动，"肉眼可见的身材变好"。

第六步：筛选信息进行填空，最终扩充成文。

观点概述	坚持跳绳 3 个月后，女生脸部的 8 个惊喜变化，一定要看到最后
列举 1	眼睛周围的脂肪会减掉，内双也会变成双眼皮，眼睛明显变大
列举 2	鼻梁凸显，下巴变小
列举 3	脸会缩小一圈，体脂率降低 5%
总 结	整体来说，基本等于整容，姐妹们，你不想试试?

三、故事型模板：处于逆境—转机—变化成长—未来

1. 解释

用一个人的故事让一群人产生共鸣。在任何时候，能触动用户内心的作品，尤其是高传播、上热门的，往往更容易达成传播目的，让目标用户降低戒备心，获得其信任。比如"一个不服输男孩奋斗的 10 年""一个农村辍学女生的北漂 10 年""我是怎样亏百万元后靠捡破烂翻身的""年级吊车尾被嘲笑 3 年，直到我考入了清华

大学……" "跳绳 90 天后，我和老婆减掉了 120 斤肉"。

2. 实战演示

第一步：选题。"一个不服输男孩奋斗的 10 年"。

第二步：筛选相关信息。

以前的自己是怎样的？	是什么事情、什么人令自己想有所改变？	通过什么办法改变自己？
遇到哪些质疑、刁难？	主题：一个不服输男孩奋斗的 10 年	过程中获得哪些认可？
感谢遇到哪些人？	什么事情给自己带来强烈情绪波动？	未来想帮助谁获得改变？

第三步：思考目标用户是谁。我们将其锁定为微信视频号的"中青年上班人群"。

第四步：假定用户的反应是"认可，点赞，并且转发"。

第五步：考虑如何让用户心动，"职场、成长"。

第六步：筛选信息进行填空，最终扩充成文。

处于逆境	我是 ××，1993 年出生于贵州大山里的一个小村庄，2012 年考上大学，第一次离开大山，大学毕业后创业失败，被迫北漂，被地产黑中介骗钱，遭遇业绩危机，为了不被开除，报名参加过文案培训课，可是并没有什么进步
转机	听朋友说反复拆解案例，对文案写作提升有帮助，于是我开始反复阅读、拆解各个自媒体大号的 10 万 + 文章，一有不懂的我就会记下来琢磨，精彩的片段和金句也会做笔记。日积月累，一年就写满了 10 个笔记本
变化成长	后来，我发现自己看到一句话时，脑海里会马上浮现出相关的剧情，如同连续剧般，角色人物之间还会互动、对话，栩栩如生。我把这个技巧命名为连续剧沉浸式创作法。靠着它，半年间我接连写出数十篇 10 万 + 爆文，轰动行业，更被上市公司聘为内容运营顾问。年收入一下突破 50 万元

未来	现在我和我的 389 名学员已经完全习惯了"连续剧沉浸式创作法"，只要利用碎片时间来看书、看电视剧，就能轻松掌握爆款文案的写作能力，应该没有比这个更加实惠的学习方法了。所以，我很希望这套方法能帮到也在备受创作困扰的你

四、体验型模板："事件1+感受1+事件2+感受2+……"

1. 解释

如果感觉自己创作的内容过于平淡，没有什么令人眼前发亮的地方，那么往往就是没有把自己独有的感受、想法描绘出来。可以尝试用这个模板，描绘完一件事情后，紧跟着写上自己对该事件的体会、感受。

2. 实战演示

案例1：唇膏

事件 1	这唇膏哑光的质地，显色非常饱满
感受 1	虽然是哑光的质地，但涂抹在嘴唇上的时候非常顺滑，一点卡顿、干燥感都没有！而且真的很显白，衬得皮肤超白嫩，是黄皮女孩的最爱
事件 2	这个膏体真的非常漂亮，非常惊艳
感受 2	细闪看着很有梦幻的感觉，它的包装跟之前的 VNK 圆管一样是磁扣开合，黑色有质感沉甸甸的包装！但是价格却只是 199 元，不愧是"平价贵妇级"的口红

案例 2：面膜

事件	这面膜质地温和，保湿效果真的强
感受	之前别人说这款面膜几乎是水做的，我还不信，现在一抓都是冒出来的精华液，而且质地轻盈得像羽毛一样，敷上脸就有一种丝绒轻抚肌肤的感觉

案例 3：水果玉米

事件	这个玉米有个别名，叫冰糖水果玉米，跟其他玉米相比，它最大的特点就是可以直接生吃，一口爆浆，甜爽可口没有渣，而且甜度比普通玉米、苹果、西瓜都甜上许多
感受	乳白色的玉米粒散发着奶香味，咬一口，由于它表皮太薄，感觉牙齿刚碰到就爆裂开来、特别脆！不需要太用力，这么轻轻咀嚼，小巧的胚芽慢慢融化在唇齿间！清甜的汁水唇齿间满溢，这香甜谁吃谁知道

小　结

一、"3815"带货脚本爆款模型

1. 重视开头：3 秒抓用户入戏
技巧 1：向用户兜售问题 = 深挖问题 + 最心烦场景 + 放大恐惧
技巧 2：贩卖美好结果 = 美好新定义 + 最心动场景 + 描绘美好

2. 价值亮点：8 秒制造高潮
技巧 1：对比认知 = 设置参照物 + 事实证据 + 放大好处
技巧 2：建立共同情绪 = 你我相似点 1+ 你我相似点 2+ 你我相似点 3

3. 促使行动：15 秒触发行动
技巧 1：摊分成本（降低决策成本）= 客单价 ÷ 使用天数 / 次数
技巧 2：叠加收益（提升收益认知）= 价值锚点 1+ 价值锚点 2+ 价值锚点 3
技巧 3：心理账户（使购买合理化）= 购买者 + 使用者 + 额外收益

二、内容创作者必备的四个热门创作模板

结论优先型模板	结论—依据—举例—总结
信息列举型模板	内容概述—列举 1—列举 2—列举 3—总结
故事型模板	处于逆境—转机—变化成长—未来
体验型模板	事件 1+ 感受 1+ 事件 2+ 感受 2+……

TIP

请你马上行动

多想不如多做，让我们每天精进一点点。

挑选一款商品，根据"3815"带货脚本爆款模型，分别做好重视开头、价值亮点、促使行动三个环节的内容，最终形成完整的脚本吧！

图书在版编目（CIP）数据

如何写出短视频爆款文案 / 雨涛著 . —— 北京 : 民主与建设出版社，2022.9（2024.1 重印）
ISBN 978-7-5139-3925-6

Ⅰ . ①如… Ⅱ . ①雨… Ⅲ . ①网络营销 – 营销策划 – 文书 – 写作 Ⅳ . ① F713.365.2

中国版本图书馆 CIP 数据核字 (2022) 第 142300 号

如何写出短视频爆款文案
RUHE XIECHU DUANSHIPIN BAOKUAN WEN'AN

著　　者	雨　涛
责任编辑	郭丽芳　周　艺
封面设计	仙　境
出版发行	民主与建设出版社有限责任公司
电　　话	（010）59417747　59419778
社　　址	北京市海淀区西三环中路 10 号望海楼 E 座 7 层
邮　　编	100142
印　　刷	唐山富达印务有限公司
版　　次	2022 年 9 月第 1 版
印　　次	2024 年 1 月第 2 次印刷
开　　本	880 毫米 ×1230 毫米　1/32
印　　张	8
字　　数	170 千字
书　　号	ISBN 978-7-5139-3925-6
定　　价	52.00 元

注：如有印、装质量问题，请与出版社联系。